中小学教育新探索丛书

U0594618

ZHONGXIAOXUE JIAOYU
XINTANSUO CONGSHU

教师多元化成长

平台建设

本书编写组◎编

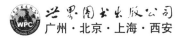

世界图书出版公司

广州·北京·上海·西安

图书在版编目（CIP）数据

教师多元化成长平台建设／《教师多元化成长平台
建设》编写组编. — 广州：世界图书出版广东有限公司，
2011.9（2024.2重印）
ISBN 978 - 7 - 5100 - 3961 - 4

Ⅰ.①教… Ⅱ.①教… Ⅲ.①区（城市）－中小学－
师资培养－研究－成都市 Ⅳ.①G635.12

中国版本图书馆 CIP 数据核字（2011）第 185781 号

书　　名　教师多元化成长平台建设
　　　　　JIAO SHI DUO YUAN HUA CHENG ZHANG PING TAI JIAN SHE
编　　者　《教师多元化成长平台建设》编写组
责任编辑　冯彦庄
装帧设计　三棵树设计工作组
出版发行　世界图书出版有限公司　世界图书出版广东有限公司
地　　址　广州市海珠区新港西路大江冲 25 号
邮　　编　510300
电　　话　020-84452179
网　　址　http://www.gdst.com.cn
邮　　箱　wpc_gdst@163.com
经　　销　新华书店
印　　刷　唐山富达印务有限公司
开　　本　787mm×1092mm　1/16
印　　张　13
字　　数　160 千字
版　　次　2011 年 9 月第 1 版　2024 年 2 月第 3 次印刷
国际书号　ISBN　978-7-5100-3961-4
定　　价　59.80 元

本册编委

主　编

李泽亚

副主编

古红云　徐江涌　杨昭涛　任　焰

执行主编

黎　波　张　勇

编　委

刘大春　钟　亮　刘荣芳　鄢志刚　叶　剑　张　航　王　琪

前　言

百年大计，教育为本；教育大计，教师为本。

教师的师德修养、学识水平、业务能力，直接影响着一代又一代青少年学生，乃至中国社会、中华民族的未来。抓好教师教育，是发展教育的战略措施。只有高素质的教师，才有高质量的教育；只有具有创新精神和创新意识的教师，才能对学生进行启发式教育，培养学生的创新能力；只有教师了解当今高新技术的最新发展成果，才能站在高科技革命的高度，鼓励学生如何学习；只有教师具备坚定的政治思想和优良的道德品质，才能对学生进行思想政治教育和人格培养。没有教师的成长，就没有高品质的教育，这已日渐成为人们的共识。

美国学者阿瑟·库姆斯等在《学校领导新概念》一书中明确指出："有活力的组织对教育者的个人和职业成长有重要的贡献。"那么，教师的成长究竟需要什么样的平台，或者说，社会和相关部门、学校能为教师的成长搭建怎样的平台？

在本书中，我们将以成都市青羊区的教育发展为案例，介绍青羊区选择教师教育作为实现区域教育现代化的突破口，致力于建设一支富于学识魅力与人格魅力的教师队伍，为素质教育均衡发展构筑强大的智力支持和坚实的人力基础。

在这里，我们将奉献出一份关于教师成长教育的非常翔实的"田野考察"报告，向大家详细讲述成都市青羊区教育人的这一充满了思考与创造激情的探索旅程。在这里，我们将看到一位位青羊教师有血有肉的成长旅程；看到在其成长的背后，起着支持作用的巨大、多层次的教师教育网络；看到青羊教育人在新时期下，构建教师教育体系的深刻理论把握与富有创造性的实践工作。相信它对学校、区域教师成长平台建设，乃至每一位教育人都有参考与借鉴。

目　录

第一章

➡教师教育——教育发展的必然选择

随着中国社会现代化进程的加快，教育现代化的呼声也越来越高。然而，教育现代化的实现是一个多种因素共同作用的复杂过程。那么，什么是教育现代化的突破口？

经济、社会的健康、协调、快速发展，在为教育事业提供更为广阔的发展空间的同时，也对教育提出了更高的要求，需要教育为之提供强有力的人才支持和知识贡献。而教师则是教育发展的中坚力量，是教育持续发展的源泉。在教育发展的历程中，教师是最值得骄傲的资本。

第一节　教师教育是教育发展的必然选择

青羊地处成都市的中心城区，人杰地灵，人文鼎盛，文风浓郁，历来是成都市和乃至四川省的政治、经济、科技、文化中心。青羊教育在注重教师内涵发展和提升教师职业幸福感的基础上，走出了一条教师综合素质培训的特色之路，形成了区域教师继续教育的特色链条。从这里开始，我们将和大家一起踏上这条充满思考和激情的探索之路。

作为成都市功能分区中的文化旅游区，青羊拥有令人过目难忘的巴蜀特色文化。区内有优美的自然环境和独具特色的人文景观，从唐代开始，人们聚集于此，或泛舟浣花溪，或赶青羊宫庙会，或贺草堂人日，或聚文殊听经。如今，在流芳溢彩的杜甫草堂，闻名遐迩的青羊宫、文殊院中，传统的儒、道、释文化在这里汇集；在金沙遗址、船棺内，古蜀文化在这里沉淀；在宽巷子、窄巷子里，川西民居至今独具魅力；在锦绣工厂中，人们以传统手工的蜀锦、蜀绣编织美好未来；琴台故径、浣花溪公园、百花潭公园、主题文化公园等则使得一个个古老的传说在这新的时代延续。青羊区的名胜古迹既是成都市民常去之处，也吸引了大批中外游客，享有盛誉。

青羊，是成都的一方沃土，更是蜀文化的摇篮。两千多年前的汉代，文翁开堂办学，启迪民智，创中国历史上地方政府办郡学之先河。两千载光阴虽逝，文翁石室书声依旧，兴学重教之风从未中断。

在浓厚的巴蜀文化背景下，青羊区不仅承传统文化之厚重，亦具现代都市之魅力。青羊区是成都市的政治、经济、文化中心。域内四川省委、成都市委和成都军区等党政军领导机关星罗棋布；西南财经大学、成飞集团、双新科创园区等科研单位如群星坐落，给青羊带来求实创新的科研氛围。区内繁华的中央商业区，成为青羊经济蓬勃发展的重要象征，正如森林般郁郁葱葱；在经济发展中建立起来的高级住宅小区又如大海一般，汇集了诸多顶尖人才。高度繁荣的政治经济背景为青羊教育的发展奠定了基础，不仅给青羊带来了先进的思想观念，更赋予了青羊人开放的胸怀和宏大的气魄。同时，高素质的人文社区居民对其子女的教育寄予了更加深厚的期望，也给青羊教育提出了更高的要求。

但在另一方面，和其他处于中国社会转型期和现代化进程中的大城市中心城区一样，青羊区地域狭长，可开发土地稀少，区域内不仅包括了省会城市中心要地，还涵盖了城市三环路以外的农业地区，农业人口约有4.85万。整体来说，青羊区经济水平在成都市内各大主城区中相对落后，但近年来增长迅速，增长比例在成都市的区县中处于领先水平。随着经济的发展和城市的不断扩大，农业人口不断失去土地，而大量农民工也不断涌入，失地农民、进城务工农民等弱势群体子女的教育问题也为青羊基础教育的发展提出了挑战。

总之，强大的政治、经济和文化基础为青羊教育的发展奠定了根基，也对青羊教育提出了更高要求。在对自身政治经济基础和文化背景的科学分析之下，青羊教育决心以努力奋进之精神，扬千载之文化传统，补经济基础之薄弱，积极探索具有青羊特色的教育现代化的路径和模式，努力创建中西部教育的"首善领跑之区"。

青羊教育以"均衡教育，人民满意"为目标，始终把教师当做教育的"第一生产力"，以缔造西部均衡教育首善之区为追求，致力于建设一支富于学识魅力与人格魅力的教师队伍，为青羊素质教育均衡发展构筑强大的智力支持和坚实的人力基础。青羊教育初步形成区域教师继续教育的特色链条：铸炼师德，培养合格的青羊教育人；学习经典，培养有文化底蕴的青羊教育人；参与体验，培养有实践能力和创新能力的青羊教育人；心理关爱，均衡发展，成就教师幸福人生。

面对青羊区教师继续教育路径探索与体系构建过程中出现的问题，区教育局与区教师学习与资源中心以开放的眼光、发展的思维，开展了多角度、多层次、全方位的实践：从教育行政部门到教师培训机构、从教师教育主管领导到教师教育研究人员，进行了一系列的制度建设和改革；在教师成长方面，从新教师到骨干教师到名师，实施了一系列不同的教育策略；在教师继续教育的方式和手段上，既采用形成制度的常规教育方式，又努力探索与现代信息技术相结合的其他方式。通过多方探索，逐步构建起一个相对完整的且具有创新性的区域教师继续教育体系，该体系既有涵盖全体教师的全员培训，又有根据不同层次教师发展的需要而建立的多元多层次的学习共同体，让每一位青羊教师在培训中都能找到自己的生长点、兴趣点，都能解决自己急需的实际问题，满足积极发展的需要。特别是新课程改革以近十年来探索建立的区域教师培训网络——多元多层次学习共同体，为走出县级区域教师培训的困境进行了一系列的有益探索，促使区域教师继续教育步入持续、内涵式发展轨道。

第二节　教师教育的发展历程

现代化的教育需要现代化的师资队伍，现代化的师资队伍需要有现代化的教师教育。教师教育现代化既是教育现代化的目标，也是实现教育现代化的必要条件和过程，离开了教师教育的现代化，不可能实现教师现代化，也不可能实现教育现代化。本节，我们以青羊教育为例，大致回顾教师教育的发展历程。

区域内教师队伍的现代化，主要依靠区域内的教师教育来实现。统计表明，由国家、省、市进行的骨干教师培训只占中小学教师总人数的10%，90%的教师培训工作要由县级教师培训机构直接承担，或在县级教师培训机构指导下通过校本研修等多种形式进行。

县级教师培训机构承担着教师培训的主要任务，同时也是教师接受经常性、持续性培训的最有可能的实施者。区域教师教育的现代化，对于区域内教师的现代化和区域教育的现代化，负有至关重要的责任，从某种意义上说，区域教师教育的现代化决定了教育现代化的实现程度。

短短二十年间，青羊教育不断开拓进取，获得社会认可和多方的赞誉。有人在疑惑，弹丸的 68 平方千米的青羊，为何创造出如此多的奇迹？其实，在青羊区这块热土上，自古就有重教师教育的悠久历史和深厚积淀。

李冰治水，总结出科学原理："深淘滩，低作堰"；文翁兴学，总结出教育原理："师资高，学风严"。所以，在巴蜀文化中，早就有获得世人公认、经久不衰、影响深远的"两大亮点"：

李冰劈江灌天府，深淘滩，低作堰。

文翁兴学智巴蜀，师资高，学风严。

两千多年前，文翁开放地培养师资，派张叔等十余人，到京都受业于博士，深入研习儒学经典，学成归蜀，大都成为一代名师。而现在的文翁实验学校，正是通过提高教师质量来提高办学水平。这不可不谓是对青羊优秀传统之继承。

进入新的时代，青羊区政府和教育局高度重视教师培训工作。早在20 世纪 90 年代，青羊就提出了教师继续教育的一系列目标。"十五"期间，区政府和及教育局出台了师资管理培训的系列文件，并通过实施"教师关爱工程"来保障教师发展目标的实现，对教师的进修给予时间、经济等支持。教育主管部门相继制订了《成都市青羊区培养跨世纪教育人才教育工程》、《成都市青羊区面向 21 世纪中小学教师继续教育培训实施方案》等文件，从教师全员培训、骨干教师培训、新教师培训及专项培训、教师学历学位提高培训、学校管理干部培训、继续教育培训者的培训、对城郊学校教育和师训的援助等几个方面提出了目标任务。根据中小学教师继续教育有关法规和教育行政部门要求，青羊区结合实际每年发布一次制定了《青羊区中小学、幼儿园教师继续教育指导意见》和《成都市青羊区继续教育"十五"规划》。"规划"和

"意见"上述文件以服务全区基础教育改革为核心，落实教师教育优先发展的战略，以全面实施"行动计划"，推动全面提高青羊区中小学教师整体素质，提高教师在短时期内适应基础教育课程改革的能力。

打造与整合教师培训机构

除了政策的制定和落实，在青羊区政府和教育局的领导下，青羊教育通过对教师培训机构的整合与打造，推动整个青羊教师教育体系的发展。

青羊区于1979年建立了教师进修学校，负责全区教师的培训进修工作，当时历史条件下，教师培训的重点是弥补教师知识的不足和实现教师学历的达标。1992年，青羊区政府根据当时本区教育发展的需要，前瞻性地作出了把青羊区教师进修学校和青羊区教研室整合在一起的发展规划，青羊区教师进修学校更名为"青羊区教育研究培训中心"。这一举措在成都市乃至四川省都是首创的，这种研培一体的机制为青羊教育培养了数以千计的优秀教师，大大提升了青羊教育的"软实力"，同时大大地促进了青羊教师教育的发展，使青羊教师教育逐渐成为成都教育的领头羊和示范，直到现在十几年来一直处于领先水平。这一时期，青羊教师培训最大的成就是建立了规范化、序列化、一体化的师资全员培训体系，在侧重教师"入格"、"合格"培训的同时，通过开办"百名青年教师培训班"来促进教师"升格"，使其从"熟手"到"能手"的转化，从政治思想、职业道德、文化知识、业务能力、身心发展五个方面挖掘青年教师的潜质，使他们成长为"示范型"、"研究型"的教师，这支队伍中的许多教师现在已经成长为青羊教育的支柱。

20世纪90年代后期，全球性的教育改革浪潮高涨，我国基础教育改革的全面实施也处于酝酿阶段，时代对教师提出了新的要求，对视野开阔、综合素质高、勇于创新的研究型教师甚至专家型教师的需求日趋强烈。成都市青羊区开创性地进行了"构建现代中小学骨干教师继续教育模式深化研究"，通过举办"青年骨干教师研修班"，组织教师采用借助"查新"等科研方法进行学习的学习，开阔教师视野，增强一线教师的科研意识；通过学习教育理论、阅读教育名著和中华经典文化，增加教师专业积淀；通过网络信息技术的学习培养教师的现代意识；通过专项艺术体育活动的熏陶感染，培养教师的艺术修养。至今已经举办了三届的骨干教师研修班四年培训，为青羊区培养了一大批专业素养高、研究能力强的教师。据统计，他们中的40%的教师在以后的五年内或走上了学校领导岗位，或成为"学科带头人"、"青羊名师"、"特级教师"和"教育专家"。新课程实施以来，我们整合了区内优质教育资源，把现代信息技术中心、系统党校整合在教师培训之中，探索高效教师培训的新途径。对新时期的教师培训机构重新定位，将单位定位于"三个中心，一个枢纽"，即"教师专业化提升中心"、"基础教育质量监控及改革研究中心"、"教育科研指导、管理和实施中心"和"教育信息资讯和资源交换枢纽"。青羊教师培训机构再次更名为"成都市青羊区教师学习与资源中心"。

青羊区教师培训机构从最初的教师进修学校到20世纪90年代的教育研究培训中心，再发展成为今天的教师学习与资源中心，绝不仅仅是名称的变化，而是顺应时代的要求和我国教育的发展及教师培训的需要，赋予其不同发展时期的不同的内涵。现今的教师学习与资源中心已经发展成为青羊教育发展的工作母机、参谋与作战单位，其现有工作对象涵盖普教、成教、职教、幼教、现代技术教育、网络信息化教育等诸多方面，其中心工作是教师培训和教育教学研究。这种研培一体化的师资培训机构，整合了各方面的优质教育资源，能够为教育和教师发展提供更好、更优质的服务，同时起到了费省效高的作用，为推动素质教育，提高教师素质，整合县区级教育业务行政功能发挥了不可替代的作用。

"四大机制"建设教师队伍

办好人民满意的教育，关键在教师。青羊区委、区政府牢固树立"教师第一"的理念，始终把教师当作教育的"第一生产力"和"第一要素"。在教育局的整体规划和教师学习与资源中心的实际组织领导下，青羊教育按照终身学习的要求，遵循教师培训规律，统一策划，合理安排，全面推进教师培训制度、体系、模式、方法、手段等方面的改革创新，促进教师教育可持续发展。

在教育行政部门的领导下，中心加强对教师培训的研究和管理，制定了五年一个周期的全员培训计划，各校也制订本校教师培训计划，建立培训档案，坚持"岗位自学为主、学校教研组自培为主，青羊区教师学习与资源中心短训为主"的"三为主"原则，有计划地推进教师全员培训工作。

经过近几年的探索积淀，在培训过程中不断闯新路、创特色，逐渐找到了一条以"四大机制"建设具有青羊特色的教师队伍的新路：

1. 用"成长机制"提升教师的专业水平

把师德建设置于教师队伍建设首位，对新聘教师实施师德准入制，对年度师德考核不合格的教师实行一票否决制度；建立健全师德建设监督网络，形成相应的评价体系；出版师德集《守望感动》，评出了十佳班主任等，挖掘和支持身边典型的示范作用。建立健全青羊区教师学习与资源中心、教育专家顾问团、专家协会、片区级学校发展共同体，以及校本研培三级培训网络，不断提升教师的专业素质。通过"课改在青羊"、中青年教师赛课等形式让教师在实践中得到锻炼提高；以品读经典、教师考试、校长考试等活动，促进教师提高教育理论素养；分期分批组织干部、教师外出学习参观，前往北京、上海、香港以及欧美发达国家考察学习，学习先进经验，增强工作创造性。

2. 用"考评机制"实现干部、教师的优胜劣汰

青羊校长教师实行全员聘任制，校长及学校中层干部公开招聘、公推直选，教师公开招聘，竞争上岗；建立健全评价制度，形成评价过程动态、评价模式综合、评价内容丰富、评价主体多元的体系，着重突出评价的激励性和发展性；实行岗位工资制、绩效工资制，使得干多干少有体现，干好干坏大不同；对考评不合格的教师实行缓聘、低聘、解聘，从而打破教师专业技术职务终身制，实现教师队伍的优胜劣汰。

3. 用"共享机制"助推教师的同步发展

青羊区将所有中小学组成 7 个学校发展共同体，共同体不定期地举办校长沙龙，开展师资培训、常规管理、文化建设等方面的交流和研讨，促进学校管理者更新理念，提高管理水平。共同体内，跨校师徒结对、跨校任教、集体备课、共同教研等活动，使不同学校的教师得到同幅提高、同步发展。同时，为了实现区内优质教育资源的共享，集中全区 31 名特级教师，成立了"特级教师工作室"；集中区学科带头人以上的优秀教师组成"名师发展学校"，既为全区教师专业成长进行引领指导，又为名师实现更高层次发展提供平台，突破名优教师发展的"瓶颈"。

4. 用"激励机制"关爱教师的幸福人生

青羊区将 2005 年定为"教师关爱年"、把 2006 年定为"教师发展年"，实施教师关爱工程和教师发展工程。在成都市上风上水的黄金居住区——培风集中居住区修建了 500 多套性价比很高的电梯公寓，供区内无房教师购买，教师只需要付出市场价一半多一点的价钱，就可以购得一套住房；为教师增加购书、医疗等方面的福利；由政府出资每两年对全区在职、退休教职工进行一次体检；举办单身青年教师联谊活动，为全区所有学校培训 1~2 名心理咨询师，编辑《教师心理减压 50 招》；全区学校领导干部对教师进行节日、生日慰问已形成制度。在抓质量、促发展的过程中，全区教师的生活质量和幸福指数得到稳步提升，始终保持阳光心理，形成了育人为乐、从教为荣的良好氛围。

第三节　新课程背景下教师教育中 存在的问题及思考

随着新课程改革的深入，教师发展中一系列问题也不断涌现。通过调查，我们发现，虽然区内教师较好地采用了交流、反思、片联组研培活动等专业发展方式，能够灵活运用多种教学方式进行教学，对学生采用多元评价；但是，对于新课程改革目标的实现，相当一部分教龄在15年以上的教师并不认同。在对新课程培训是否能够促进教师专业成长、为课改的顺利进行提供帮助方面，他们也认为作用不大甚至不起作用。那么，教师教育如何更好地帮助这一部分教师适应新课程？如何使其突破固有教学观念和既定教学技能的局限，顺利度过适应期成长为新课程改革的中坚力量？进一步而言，教师教育如何满足不同年龄阶段的教师群体、不同教师个体的不同需求以帮助他们更好地适应新课程？这些，都已成为教师教育必须破解的难题。

一、新课程培训"僧多粥少"，基本培训得不到满足

现有的县级教师培训机构，除了经费不能得到充分的保障以外，还存在优秀教师的流失导致培训者数量不足和质量不高。虽然教育部《基础教育课程改革纲要（试行）》确立了"先培训再上岗，不培训不上岗"的原则，但实际情况是县级教师培训机构根本提供不了足够多数量的培训，更不能对教师实施新课程提供全过程的培训，当然质量也不能得到充分的保障。

就西部九省的调查来看，一般的县级教师培训机构的人数在几人到三十多人不等，能够把每个学科的专职教师配备齐全的很少，一方面是由于县级教师培训机构缺乏经费，待遇低，吸引不了优秀的人才；另一方面由于国家对县级教师培训机构的人员配备没有一个明确的标准（例如按区域内教师的总人数的一定比例配备专任的教师培训教师），各地就根据自己的财政和编制情况自行设置，不少的县由于教师整体缺编，在首先满足学生有人上课的前提下才能考虑教师培训机构教师的配置，这就导致了培训者的人员不能满足需要。而这一不能满足还不能像教师缺编那样有一个实际的数字，却影响了区域内教学改革的进行和教育的持续发展。此外，有的地方为了保证升学率，把教师培训机构的优秀教师抽去支援高中教学等情况也比较普遍，这更加削弱了教师培训机构的力量。

在人力不足的情况下，县级教师培训机构只能起到组织的作用，没有足够的专职培训人员；同时教师进修学校的老师的学历和水平不高，很多县级教师培训机构只能承担区域内小学教师的部分培训任务，很多培训都只能请大学或更高一级教师培训机构的教师来承担，这样对经费的要求又很高。即使在一个人员配备齐全，完全能够胜任本区域内教师培训任务的县，每年能够提供给老师的培训机会也是有限的，这完全不能满足新课程实施过程中对全体教师的大量培训需要。

在调查中，一个县教育局主管教师培训的局长说："我们现共有中小学教师五千多人，在实施新课程过程中，一年进入新课程的教师就有八百多人，而我们县级教师培训机构能够集中培训的时间主要是暑假、寒假和长假，每年我们最多进行过六期培训，能够培训近五百人，其他的只能通过二级培训。而培训内容主要是新课程的通识性培训，对于学科培训和教材处理等的培训根本就顾不过来。"这位局长所反映的情况是普遍的。同时，在对教师的访谈中，教师对培训很渴望，特别希望能够得到持续的、经常的、常态化的全过程培训，希望在家门口接受高质量的培训。因此探索构建县级区域内常态化的教师培训模式，让第一线的老师不脱产、不远离家门就能接受到持续的、常态化的培训，解决教师们长年坚守在教学一线、工作任务繁重、没有时间外出参加培训的矛盾是我们进行改课题研究的又一出发点。

二、培训者的权威性受到挑战

在新的时期，县级教师培训机构的教师的权威性受到了一线教师的挑战。出现这种现象的原因主要有：①县级教师培训机构的教师多年来主要从事学历补偿教育，习惯于按照别人预先拟定好的教材进行传授，对继续教育的教育思想、教育观念不适应，对中小学实施素质教育的实际缺乏深入了解，对中小学教师继续教育的特点、规律缺乏研究；长期的习惯式教学使他们缺乏研究解决中小学教学问题的能力和技巧，特别是指导中小学教师进行教育教学研究和教学改革实验的能力和经验严重不足，开发继续教育资源的能力基本没有。②随着大量具有较高学历的年轻教师进入教育行列，使县级教师培训机构的教师显得学历层次偏低，培训教师在讲台上底气不足。③新课程的实施，使培训教师和受训教师站在了同一起跑线上，县级教师培训机构的教师所接受的培训机会并不比中小学教师多，由于经费限制，很多条件较好的中小学教师能接受的培训，县级教师培训机构的教师却没有。加上现代传媒的飞速发展，学习方式的多样性，使县级教师培训机构的教师在知识上、理念上、见识上相比受训教师毫无优势可言。

三、统一的培训内容激不起教师的热情

中小学教师的继续教育，具有广泛的群众性，其教育对象人多面广，涉及到中小学各部门、各学科，具有鲜明的多层次性。具体表现在：年龄上有老中青的不同结构；学历上有中师、专科、本科、硕士以及不同程度的"同等学力水平"；从事的教育工作有小学、初中、高中各个层次；职称上有初级、中级、高级各个等级；还有不同学科不同工作岗位的教育工作者。这其中有新教师、教学骨干、学科带头人，也有学校行政领导。如此等等，不仅数量大，而且层次多，类型复杂。这种多层次性，是历史发展向继续教育工作提出的挑战，也给继续教育的实施带来了一系列的困难。

在实施新课程的过程中，我们对青羊区近 800 节课堂教学调查发现，在新课程实施过程中出现了很多教育理念和教育行为相悖的问题，而这些问题是复杂的，涉及到学校、教师、学生、社会、教育管理部门和教育研究部门等各个方面，涵盖了基础教育的所有学科，在不同的地区和学校、不同的教师身上都有凸显，涉及到教学的方方面面，教学理念在实际课堂教学中的有效体现，教学内容的灵活处理和创造性地开发，教学内容的选择与学生的接受实际的和谐，适合学生学习的教学方法的选用问题，学生学习方式的转变与自主、自觉学习习惯的形成……老师们面临的诸多问题有共同的，但更多的是个性问题，这些问题的产生与教师的年龄、学历、职称并没有一致性的关系，也并不是新教师、骨干教师或学科带头人就它们各自的统一的问题，这就注定教师对培训的需求是不能以年龄、学历、职称等作为划分标准的，教师的需求是多元的、多层次的。

再看我们现在的培训，基本都是统一的内容，每年进行的几期培训的内容是基本一致的，之所以分为几期培训，并不是针对不同对象的需求，更多的是因为硬件条件的制约使然。这种统一的培训内容怎能满足教师多样的培训需求呢？

同时我们也了解到，教师对一些统一安排的带有强制性的培训持反对和反感的态度，如教学基本技能培训，包括"三笔一画"、普通话等，这些培训都是由县级教师培训机构根据上级要求制定教学计划，开设短期培训班，帮助教师拿到职业技能等级证书，而这些证书是老师职称评定的入门硬条件，但老师们普遍不认同。调研中一个学校的校长提到：如果县级的这些常规培训没有创新，老是在原地踏步，则培训效果会有一定反弹。老师参与这些培训，一是会花费教师的精力、物力、财力，二是教师思想上的压力比较大。这些基本技能最重要的还是在教学实践中、课堂当中体现。

如何针对不同教师的多元多层次需求实施需要的培训是当前教师培训的最大难点，解决这一问题不能仅仅从培训内容本身入手，还要考虑构建能让不同教师找到自我发展平台的培训网络。

四、僵化的培训形式赚不来教师的吆喝

现在县级教师培训机构组织的培训方式主要是集中培训，对于"专家说教式"的大班"输血型"的培训，由于培训资源的严重缺乏，为了追求培训的最大效益，一般采用的多是大班化的集中培训，一次培训最少都有六七十人，多则儿百人，加上每次培训的时间很短，内容又安排得特别地多，组织者总希望一次就让老师学到更多的东西，所以只能采用大班制的集中讲授培训方式。这种培训形式培训者常常凌驾于受训者之上，对参与培训的教师进行满堂灌，导致继续教育培训成为说教式学习活动，成为培训者权威型的知识传递课，却忽视受训教师的实际需求和心理承受，不利于教师个体间的交流，不能满足教师群体间的个性化需求，培训效果差。

调查表明：83％的教师持反对的态度，只有17％的教师喜欢集中在一起听讲座。调研时一位校长说："过去参加过的培训是专家在上面讲，我在下面听，可以听也可以不听。如果有资料的话，拿回来还能够研究，如果没有资料的话，回来后一点反响都没有。那些培训是在给你洗脑，听的时候会思考，但要说印象深刻则谈不上。"

灵活运用参与式、互动式、研讨等多种方式是老师最喜欢的培训方式，在有效的培训形式的调查中，有79％的教师选择讲座与讨论相结合的学习方式。这些教师认为在听讲座基础上，观看、评析名师课堂实录，与同行讨论、交流经验等培训学习活动，对自己的专业成长最有帮助，培训效果最好。一位教师进修学校的老师在谈到有效的培训方式时认为，参与式培训的方式较好，有讲座有观摩，然后又给予一些实际的教学展示，这样的实际借鉴的意义较大一些，印象就会比较深刻。她还列举了自己参加的一次省级培训，"这次培训的主题是渗透课改方面的，因为当时新课改还没有完全启动，我们只是初步开始接触新课改，实地去看一下一所小学是怎样做的，在实际当中我们还要讨论一下存在哪些问题，进一步的培训方向是怎样的，我的印象比较深。整个培训的安排主要是先听讲座，然后让我们实地观察，和当时观摩实际教学的老师交流，看他们上课，下来我们再来研讨，再来大家交流经验，自己发言，再来一个总结，非常完整，而且是相当灵活的。"

培训形式的僵化很大程度上削减了老师们培训的热情，让老师们对培训"又爱又恨"，既渴望培训，又对培训感到失望。正如一位老师所说："一方面，教师们都是求知心切地去参加培训，可是事先却不知培训内容，心中无底。为了突出权威性，培训的主题往往是组织者或专家确定，参训者又怎能左右？这不能不让我们反思。另一方面，在培训过程中，往往是一灌到底。可谓台上讲得声嘶力竭，台下听得昏昏欲睡。新课改以来，广大教育工作者都竭力反对课堂教学中的填鸭、灌输，可是教师培训中的单向灌输比比皆是。因此，培训的实效性就可想而知了。"可见僵化的培训形式不但是老师对培训反感，同时也有部分老师认为：你们在台上声色俱厉抨击传统教学之弊，而你们的讲座不应该就是你自己抨击摒弃的对象吗？

总之，现有的教师培训的质量不高，远远不能满足教师的需要。通过调查分析，我们认为教师培训效率低下的主要原因有四个方面：①县级教师培训机构级运行机制阻碍了起作用的发挥。②没有建立使不同层次教师均能享受到的多元化、常态化、经常性的培训网络和机制。③培训的内容与教师的需求相去甚远，教师对培训内容和形式没有发言权。在培训中，教师处于一种被动、被迫的地位，教师的积极性没有得到充分调动。④培训质量监控和评估的方法欠缺，地方政府、教育行政部门、教师培训机构、培训者、受训者等各方面没有相应的考核约束机制，培训的质量和效果仅凭直观印象，不具有说服力。

在新课程改革背景下，教师自身发展上的困难也同样出现在教师教育自身体系中。以往，我们采用的是以校本培训为主，区级新教师、骨干教师培训为辅，研究和培训相结合的培训模式。然而在调查中，我们发现，很大一部分教师对校本教研和培训的情况并不满意，认为在校本教研中，个人提高不多，甚至加重了教师负担。他们认为，区级培训在课改中发挥了重要作用，非常有效。那么，针对教师们的呼声，如何根据本校教师的需要调整和丰富培训内容，加大校本教研的推进力度，切实提高校本培训的实效性？如何从体制上突破校本教研的局限，打造能够为不同教师的发展提供有力支持的多层次、网络状、个性化培训体系？这也是青羊教师教育不可不面对的难题。如不一一予以破解，必将成为制约整个教育事业发展的瓶颈。

在实践和研究中，我们越来越清醒地认识到，教师教育，是我们实现区域教育现代化、推动区域教育均衡发展的突破口，是打造富有特色的有竞争力的素质教育模式的关键部分。那么，我们又当如何建构富有特色的有竞争力的教师教育体系，以打造富有特色的有竞争力的素质教育模式？

答案是：明确有效的教师教育目标体系，探索区域教师教育的现实路径与体系构建，特色推进，构建区域内多层次教师成长网络，以构建教师成长的和谐生态，为教师发展提供支持和促进，最终推进区域教育现代化的实现。

▲教师多元化成长平台建设▼

第二章

➡ 教师教育目标定位

  教师教育目标是培养教师专业能力，提高教师综合素质的重要标志和里程碑。教师教育目标的定位，制约着基础教育改革发展和素质教育的全面实施。

第一节　完善教师教育目标体系

青羊教师教育目标的确定是顺应世界教育发展潮流，与区域经济、政治、社会发展实际结合，与青羊教育实际相结合的，但在目标的确定同时又具有预见性和适度的超前性。

从"八五"期间以学历补偿教育和技能培训为辅的"入格、合格、升格"培训，到"九五"期间对教师教育教学技能和方法的培养，再从"十五"期间养成丰厚的教师底蕴和教育智慧，到"十一五"关注教师的情意和职业幸福，二十多年来，青羊教师教育走过了一条与时俱进的发展道路。

青羊区政府、区教育局高度重视教师教育工作，在教师教育的理念、途径、内容、方式等方面做出了创新性的探索。教师教育工作注重与时俱进，改革创新，以创新求质量，以创新求效益，以创新促发展，按照终身学习的要求，遵循教师继续教育培训规律，积极推进教师继续教育培训制度、体系、模式、方法、手段等方面的改革，促进教师教育可持续发展。

现代社会，对教育有很高的期望和要求，教师的能力、水平制约着基础教育的改革发展，制约着素质教育的全面实施。只有着眼于教师的发展，着眼于教师整体素质的提高，才能适应时代的需要。然而，新入职教师、一般教师、骨干教师，处于不同发展阶段的教师在职业发展生涯中各有所需，在新课程改革、现代教育技术浪潮中，各自面对着不同的难题。因此，回顾青羊区教师教育目标体系的确立，经历了一个不断探索和完善的历程。

20 世纪 90 年代初，青羊区进一步明确地提出"面向 21 世纪教育，

▲ 教师多元化成长平台建设 ▼

建立我区规范化、序列化、一体化的中小学、幼儿园教师培训新体系"，使教师教育工作得以良性、高效地运行，以适应全面实施素质教育的需要。

进入新世纪，借助实施基础教育课程改革的春风以来，青羊区认真落实"先培训、后上岗，不培训，不上岗"的要求，每一轮都对教师进行系统的新课程全员培训，力求系统、全面。在新课程实施过程中，及时发现问题、解决问题。

一、不断进步的教师教育目标体系

在当前，青羊区确定了不同层次、不同内容，且内部的目标相互整合的目标体系，教师教育工作着眼于通过校本培训基地和教师学习与资源中心的建设和"以校为本"的培训思路，在"重心下降，阵地前移"的培训思路指导下，教师学习与资源中心为全区中小学教师开展校本研修提供指导和服务，促进教师的专业发展，成为全区青年教师成长的"110"，成为一般教师的"加油站"，成为骨干教师成长的"摇篮"，成为广大教师真正意义上的"教师之家"，真正朝着满足不同层次教师的发展的目标前进竭尽全力。

1. 新教师培训：尽快实现"由入门到合格"的转变

对每年新聘任的教师进行全员培训，实行"先培训、后上岗"制度。区级培训周期为一年，培训不少于120学时（其中规范性培训和灵活性培训各60学时），新教师培训覆盖面达100%。

新教师所在学校的跟踪培养周期为3年。新教师的培养，在培训内容、培训形式和培训管理等方面进行了有效改革和突破，突出教研员在新教师培养中的作用，使新教师尽快实现"由入门到合格"教师角色的变化。

此项工作由区教师学习与资源中心统一组织，并与教育行政部门共同制定培训计划，注重对新教师进行新课程、新理念、新技术和职业道德的培训，由区教师学习与资源中心负责实施；教材教法的培训由学科教研员组织落实。培训结束后，由区教师学习与资源中心统一组织考试。

2. 骨干教师培训：充分发挥指导、示范引领和辐射作用

对青年骨干教师的选拔和培养是青羊区长期坚持并且取得了突出成果的一项重要的师培工作。"九五"至今，在"面向21世纪教育，建立规范化、序列化、一体化青年教师培训体系"的指导思想下，98%的骨干教师有目的、有计划地接受了培训，他们中有一批教师已成为市、省乃至国家级优秀教师。

同时又以"十五"课题《构建中小学骨干教师继续教育模式深化研究》为依托，开办了两届"青年骨干教师研修班"。此项工作由区教师学习与资源中心负责，中心采用集中面授、教师沙龙、专题研讨、读书报告会等形式提高骨干教师的文化底蕴、人文修养、教科研水平。此外，中心特别注重专业引领与岗位培养相结合，在使用中培养，在实践中提高，为骨干教师他们搭建一个既有利于自身成长又突出其作用发挥的平台。"十五"期间就培养了600多名具有现代教育思想，适应新课程改革要求的新型青年骨干教师。

为进一步实施"名师工程"，教师学习与资源中心以区教育资源网站建设为依托，完善名师主页建设，通过"网络交流"、"专家在线"加大名师的培养力度，充分发挥名师在教师队伍建设中的指导、示范引领、带动和辐射作用，建立了"特级教师工作室"和"名师发展学校"，依靠特级教师和名优教师开展教师教育工作，争取在五年内培养出区级及以上名师3100名。

"十一五"期间，全区计划培养省级及以上骨干教师540人、市级骨干教师5200人、区级骨干教师81000人。

3. 教育技术培训：信息技术教学骨干队伍基本形成

青羊区历来重视教育技术培训，制定了教师全员参加的教育技术的培训计划，分期分批对全区中小学教师进行轮训。教育技术全员培训由区指定的现代教育技术培训和中小学教师任职学校施行。2006年底前，全区中小学教师普遍接受了计算机基础知识和技能培训。通过教育技术

与学科知识的整合，教学软件、网页制作、网站建设，用计算机辅助教学，开展教育科研和处理信息等培训内容。

通过培训，五年期间使全区 96% 的中小学教师掌握计算机基础知识和操作技能，并基本具备计算机辅助教学和开展教育科研的能力，部分教师能够适应中小学信息技术教育课程的教学工作，信息技术课教学骨干队伍基本形成。

4. 新课程培训：推进课程改革区域教育质量稳步提高

为不断适应基础教育课程改革的要求，以终身教育思想为指导，以促进教师的专业化发展为目标，在教师教育网络联盟的框架下，组织开展全区中小学教师全员培训，使每个教师在更新教育理念、驾驭新课程能力、应用信息技术应用以及职业道德水平等方面得到较大程度的提高。

2002 年新一轮课程改革全面启动，青羊区作为中西部大型城市的中心城区，始终坚持不懈地追求区域教育新的发展，始终坚持以改革者、实践者的姿态积极推进着新课程改革的各项工作。从 2000 年触及新课程理念，到 2006 年这七个年头，以"课改在青羊"、"决战课堂"的课堂教学研究为载体，大力开展课堂教学研究活动。近两年来，青羊区组织开展了各类研究课 4600 余节，各学科共提出课堂教学问题 385 个，开发各类教学辅助材料 423 件，教师对学科问题的思考研究论文共 342 篇，创造性地开发各种实验 200 项，使新课程改革得到了深入推进，并形成了上千万字的总结反思材料，将其中的成功案例编辑成了一套六本展示青羊区新课改成果的研究丛书，由北京师范大学出版社正式出版发行，并得到了有关专家和同行的高度评价。随着课程改革的推进，区域教育结构也不断地得到优化，教育质量稳步提高，青羊区 20 余名教师在全国、省级赛课均获得了优异成绩，使我区的基础教育课程改革获得了具有我区特色的经验成果。

5. 教师队伍教师学历提高培训：不断提升教师队伍的学历层次，使教师学历达到国家规定学历要求青羊区针对不同层次、不同内容的教师培训设定了不同目标，同时，也对国家规定的干部教师学历要求做了落实。区教育局积极鼓励全区中小学教师，利用业余时间参加高学历进修学习，对考试合格并取得国家认可的本科学历的初中教师和取得大专学历的小学教师，学费由所在学校承担40%，本人承担60%；学校有困难的由教育局用专项经费协助解决，并给予一次性奖励400元。

与此同时，在区教育局的规划下，区教育研究培训中心自1994年以来与成都大学师范学院合作协办，在青羊区举办教师教育专业大专培训班，培训小教专业大专合格教师；1998年起，区教育研究培训中心与社区教育学院和电大合作对区内小学教师进行大专、本科学历培训；近年，区教育研究培训中心又与西南民族大学、四川师范大学联合开办研究生课程班，区教育研究培训中心与四川大学、西南交通大学联合开办了本科学历课程班，区教育研究培训中心与川师大合作举办教育硕士研究生班，大大加强了对全区中小学、幼儿园教师及干部的学历学位提高培训的力度。

目前，青羊区教师队伍已达到国家规定的学历要求，其中小学教师均已达到大专学历要求，初中教师90%以上已达到本科学历要求。仅至2006年底，全区中小学教师中已有58人取得川师大教育管理教育硕士学位学习资格。

二、教师教育发展规划目标解析

"十一五"期间，青羊区经济、社会发展将进入全面发展的快车道，建设成都市的"首善之区"已成为全区干部群众共同奋斗的目标，为培养和造就一支师德高尚，具有良好人文素养和科学素养，掌握现代教育手段，富有实践创新能力，适应素质教育要求的高素质基础教育人才队伍，促进青羊教育事业的和谐、可持续发展；根据《国家教育事业发展"十一五"规划纲要》（国发〔2007〕14号）、《四川省中小学教师队伍建设"十一五"规划》（川教〔2006〕187号）、《成都市教育事业发展第十一个五年规划》（成府发〔2007〕32号）和《青羊区教

教师多元化成长平台建设

育事业发展第十一个五年规划》精神，青羊区制定了教师教育事业发展的第十一个五年规划和青羊区教育人才发展五年发展规划。

（一）教师教育总体发展目标

培养造就一支能担当全面贯彻党和国家教育方针，建设高质量且有特色的现代化学校并不断推进学校持续发展重任的校级干部队伍；培育一支掌握现代教育理论与实践知识技能，具备开拓创新精神和能力，具有较大发展潜力的后备干部队伍。按照"高起点规划，高标准培养，高绩效管理，高效能使用，教育家办学"的思路，提升干部队伍的整体实力，为教育现代化建设提供坚强的干部人才支撑和后备人才保障。

建设一支师德高尚、业务精良、结构合理、适应素质教育和课程改革要求的高素质基础教育教师队伍。积极构建功能互补、相互促进、目标多元、实效显著的教师教育体系和教师终身学习的体系，造就一批更高层次的名优教师、教育专家，为全面提高区域办学质量和教育效益，促进教育均衡发展和内涵发展提供强有力的师资保证和人才支持。

（二）具体目标

1. 干部队伍：

（1）学历提高：系统干部具有较强的学习能力和学习意识，能够适应时代发展的要求，学历水平得到整体提升。

校级干部本科及以上学历要求达到100%。其中研究生学历达10%，后备干部本科及以上学历要求达到100%，其中研究生学历达20%。

（2）素养提升：校级干部教育思想先进、教育观念超前，具备推动教育现代化建设的科学决策和组织管理能力；熟悉并遵循教育教学规律和原则，有较强的领导和参与教育教学研究能力，具有较高的应用信息技术优化教育管理的水平，专业化水平得到极大提升。

校级干部100%通过信息化技术培训与达标考核，能熟练地运用信息化技术进行学校教育管理。

校级干部具备中级及以上专业技术职称达100%，其中具备中学高级专业技术职称、学科带头人、特级教师、教育专家等称号的达40%以上。

在实行工资统筹之前，全区100%的校长和党支部书记实行校长职级制的职务等级评定和考核，实行工资统筹后按新的政策执行。

（3）干部储备：培养和保持后备干部常数不少于100名。

2.教师队伍：

（1）提升学生和社会对教师的满意度

大力提高教师职业道德水平、人文素养、科学素养和教育教学能力，有效提升教师队伍的数量和质量。

（2）完善教师队伍发展的促进机制

合理配置教师资源，满足各类学校基本需求。有效地促进城区学校校长、教师与涉农学校校长、教师之间的流动，基本解决教师学科性结构紧缺问题，有效助推教育均衡向纵深发展。推进和完善教师岗位聘任制与"岗位薪酬"制度，逐步提高教师待遇，调整和优化学校内部分配结构。

（3）培养并构建骨干教师梯队

建立名师、名校长培养工程。五年后在职特级教师数量达到25人，省级以上优秀教师达到20人，市专家达到5人，市学科带头人达到50人。并按照中小学教师总数1%以上的比例，建立一支省级骨干教师队伍（50人）；按照中小学教师总数10%以上的比例，建立一支市级骨干教师队伍（500人）；按照中小学教师总数15%以上的比例，建立一支区级骨干教师队伍（800人）；按照中小学教师总数20%以上的比例，建立一支校级骨干教师队伍（1000人）。打造10名以上在全国有影响并起示范引领作用的特级教师，培养30名以上在全省有影响并起示范引领作用的名优教师，培养60名以上在全市起示范作用的名优教师。

（4）明显提高教师队伍高层次学历的比重

初中、小学和幼儿园新增教师学历全部达到本科水平以上，高中新增教师中研究生学历占比达到10%以上。到2013年，中小学教师教育博士占比达到1‰，硕士研究生学历占比达到5%，本科学历占比达到85%以上，专科及以上学历占比提高到100%。

（5）构筑适应素质教育需求的教师继续教育新体系

以教师培训内容的生成性提高教师继续教育的针对性，以教师培训形式的创新性提高教师继续教育的积极性，以教师培训过程的实践性提高教师继续教育的实效性，引导教师自主学习，实践反思，行动研究，努力构建"多元、开放"的培训体系和"和谐、共进"的培训文化。推进教师继续教育"四项工程"建设，建立和完善校本研修制度，创新校本研修模式，建设有活力的学习型教师团队。

（6）完善政府支持教师专业发展的政策体系

构建和完善促进教师专业发展的政策体系，形成支持教师专业发展的组织保障制度、经费保障制度、激励保障制度与督导评价制度。

（7）加强区教师学习与资源中心建设

推进区教师学习与资源中心标准化建设，确保全国示范性教师培训机构名实相符。

第二节　教师教育发展规划工作措施

一、加强师德建设，提升教师队伍职业素养

首先，各类管理人员要深入学校调查研究，感受教师们工作心境和工作环境，依靠政府、依靠政策，研究解决教师的失衡心态，让教育在和谐的背景下，健康、有效地科学发展。

其次，学校干部要进一步明确自身在促进学校整体发展、推进新课程改革中承担的使命，当好楷模、做好表率，引领全体教师形成奋发向

上的良好精神状态。坚持校务公开，民主治校，秉公用权，廉洁从政，成为和谐校园建设的领头人。要积极投身于教育改革，善于发现问题、研究问题，反思、总结经验，做教育改革的引领者、支持者、服务者和研究者。

第三，加强制度建设，规范教师管理。以促进教师成长为目标，建立教师多元评价的长效激励机制，形成正确的师德导向，充分调动广大教职工的工作积极性。通过抓制度、抓管理、抓活动，内强素质，外树形象，将师德师风建设提高到一个新的水平。

第四，引导教师爱岗敬业，静心教学。引导教师正确面对教育内外各种冲击，及时调节失衡心态，引导教师"守住心灵的宁静，建设精神家园"。丰富师德建设内涵，认真学习贯彻新修订的《中小学教师职业道德规范》，定期开展学生、市民和社会对教师满意度的调查，深入基层学校，发现和表彰先进典型，增强教师职业的神圣感和使命感。开展以"社会公德、职业道德、家庭美德、个人品德"内容为重点的专题教育活动，大力弘扬教师热爱青羊、爱岗敬业、为人师表的精神，促进师德教育的制度化、科学化、经常化，增强师德教育的实效。将教师人文素养、科学素养提升纳入教师职业教育体系，利用学校和社会各种文化资源，组织开展人文素养、科学素养提升的实践活动，着重学习优秀传统文化与知识，陶冶情操，增强人文底蕴，塑造人格魅力。

二、推进"四项工程"，引领教师队伍专业成长

针对教师培训需求差异化、培训方式多样化、培训机构多元化、培训手段信息化的发展趋势，加强对教师继续教育的战略性、前瞻性问题的研究，把握培训方向，保证培训质量，促进培训专业化。

(一) 推进教师全员素质提升工程

该工程以"注重校本，研培结合，赢在课堂"为抓手，充分发挥区教师学习与资源中心、学校发展共同体、教师任职学校的作用，继续按照"三位一体"(教、研、培"三位一体")模式、"一主两翼"(以校本培训为主，片区联组教研和区级培训作为两个翅膀起辅助作用)

方略，采取"三结合一发展"（研究和培训相结合，专业学习和综合学习相结合，导师辅导和自主学习相结合，促进教师专业发展）培训方式，狠抓课堂教学这个中心，切实提高教师素质。

（二）推进名师发展工程

该工程以"体制创新，活动引导，联动培养"为抓手，加强名优教师的管理和培养。"特级教师工作室"和"名师发展学校"充分依靠特级教师、名优教师开展教师教育工作，而特级教师和名优教师要在"特级教师工作室"和"名师发展学校"的帮扶下迅速成长，构建教师教育的自然网络。

（三）推进助跑新人工程

该工程以"专业管理，五步培养，三年考评"为抓手，促使新教师快速成长，按照"一年见习，二年入格，三年合格，四年升格"的目标，采取"管、训、评"分立的办法，即由区教育人才管理服务中心负责管理，区教师学习与资源中心和任职学校负责培训，教育评估事务所负责考评，构建一个完整的新教师专业成长实施体系。

（四）推进校级干部发展工程

该工程以"深化改革，关注前沿，实践锻炼"为抓手，围绕"校长职级制"的改革，认真贯彻落实《中小学校长培训规定》，有计划地对中小学校级干部、后备干部进行培训，一方面继续引进专业培训机构对中小学校长进行高端培训。另一方面针对校级干部的任职情况，组织开展不同层次、不同内容、不同形式的系统培训活动。

三、完善管理制度，推进教育现代化进程

（一）完善干部队伍管理机制

研究、建立与教育改革发展相适应的学校领导人才的选拔、培育、管理、激励、评价新机制，培养和造就一支具有国际视野、教育思想先进、善于管理、结构合理、适应教育改革发展需要的高素质教育领导人才队伍。

1. 深入实施以校长公推直选为改革重点的干部选拔任用机制。

在实施《青羊区校长公推直选试行办法》的基础上，进一步扩大公推直选的范围，完善公推直选的程序。充分发挥学校党支部、教职工代表大会以及民主管理委员会在校长公推直选工作中的作用，扩大民主，加强监督。

2. 逐步推进以校级干部职级制改革为切入点的干部管理机制。

根据教育现代化的新理念和新要求，修订校长职级制考评细则。探索委托中介评估机构开展考评的办法，采取服务对象、社区居民参与评价的多元化评价方式，职级制考评与实绩考评相结合的整合型评价体系，被考评对象参与职级制考核标准与办法研制的参与式评价等新模式，完善校级干部职级制改革。

（二）推进教师人事制度改革

进一步深化学校人事制度改革和分配制度改革，提高人才资源配置的均衡性和有效性，健全专业发展的激励机制和约束机制，促进人员合理流动，营造人才辈出、人尽其才的用人环境。

1. 进一步完善教师资格制度，健全教师继续教育的机制，促进教师可持续专业发展。

2. 合理配置人才资源。研究学校人才队伍配置的最低标准，进一步完善和规范编制管理，按照"总量控制、微观放权、规范合理、精简高效"的原则，根据学校生源状况，以"动态控编"创新人才配置新机制。多渠道引进、招聘优秀教师，明显改善学校之间教师资源不均衡状况，基本解决教师学科性结构紧缺问题。严把教师入口关，提高新增教师学历标准。积极采取各种举措，努力营造"合理流动、有序竞争、人才辈出、人尽其才"的良好环境，构筑青羊教育人才高地。

3. 全面实行教职工聘任（用）制度。按照"按需设岗、公开招聘、平等竞争、择优聘任、严格考核、合同管理"的原则，实行教师全员聘任（用）制度，建立"人员能进能出、职务能上能下、待遇能高能低"的教师任用新机制，确保聘任工作规范有序进行。

4. 完善教师职称评审（议）制度，严格聘任程序。实现评聘分离，确保涉农学校和中小幼教师应占高级职务的比例。到 2013 年，幼儿教师中学高级职称比例达到 4.5%，中级职称比例达到 70%；小学教师中学高级职称比例达到 5%，中级职称比例达到 65%；初中教师高级职称比例达到 33%，中级职称比例达到 65%；高中教师高级职称比例达到 34%，中级职称比例达到 55%。对聘用在中学高级岗位上的教师进行定期的专门考核，发挥其教育、教学和科研的引领作用。实现教师队伍结构的最优化、效益的最大化、发展的快速化。

5. 加大岗位管理力度，深化学校内部分配制度改革。进一步完善人事管理制度，规范学校岗位设置和管理，逐步建立能够激励各级各类人才分工协作、积极进取的岗位管理和职级晋升制度。以岗位管理为基础，在学校内部合理分配各类岗位的比例，推行以"多劳多得、优劳优酬、以岗定薪、岗异薪异"为原则的"岗位薪酬"改革，达到以岗定责、按岗管理、按贡献取酬的管理效果，引导学校建立重能力、重实绩、重贡献，向高层次人才和重点岗位倾斜的分配激励机制，逐步建立起适应中小学教师职业性质、岗位特点、与社会经济发展、与全员聘用制和岗位责任制相适应的中小学教师收入分配制度，保障教师的福利待遇，提高教师幸福指数。

6. 完善"考核评先"制度。完善青羊区名优教师及骨干教师评选和奖励的长效机制，打破名优教师终身制，激发骨干教师专业发展动力。建立公平竞争、公开推荐、公正选拔的机制，为每个教师、干部提供平等的机会。积极完善教师考核制度，研究制订符合区域教育发展特点和教师工作特点的考核办法，不断完善对中小学教师的综合评价，强化政策导向，把考核结果作为教师聘任、晋升、奖惩、福利待遇的重要依据。用好中小学教师《综合评价手册（试行）》，促进教师快速发展，关注教师的发展性评价，提高教师的工作效率和工作质量。

（三）加强教师培训机构建设

1. 加大对区教师学习与资源中心硬件和软件的建设，确保国家级示范性教师培训机构名实相符。深化选人与用人机制改革，建立教研员流动机制，充分发挥教师学习与资源中心在课程改革中的组织、协调、指导、管理、研究、服务及其资源开发等作用。成为"小实体、多功能、大服务"的现代教师学习与资源中心、教师能力训练中心、教师专业发展的指导中心、教师教育的科研中心。

2. 完善教师教育者培训制度，重视教师教育者专业水平的提升。教师教育者只有站得高，才能看得远，这支队伍的素质直接关系到全区教师培训工作的进程、方向、质量和品味。为此，要进一步加强教师教育者队伍的建设，通过理论学习、专题研讨、经验交流、课题研究、实践反思等形式，努力使这支队伍始终站在全区教育教学、教改实践、教育科研的最前沿、最高端，并在敬业精神和人格魅力等方面成为全区教师的榜样和楷模。

（四）加强学习共同体的建设

完善学校、片区联组、区级三个层面的教学研究学习共同体，形成"大校本"教研模式。

在区级层面的学习共同体中，要建立教师专业发展的导师团队，充分发挥区教师学习与资源中心、特级教师工作室、名师发展学校、教育专家顾问团和各中小学的作用，整合各类教师教育资源，形成优质培训资源的开发与共享机制，建立教育专家库、人才资源库，构建区域教师教育资源联盟，使人才开发、管理、使用有机结合。

区域内八个城乡学校发展共同体，要加强管理，精心组织各类活动，实现城区学校和涉农学校、优质学校和薄弱学校在各类学校资源尤其是优秀师资的整合、交流、共享。

学校层面的学习共同体要根据课程改革和教师专业发展的需要，切实加强教研组、年级组、备课组和跨学科的研究小组的建设，探索教研活动的创新，全面提高研修的质量与效果。

（五）健全校本研修制度

教师队伍建设的任务重心在学校，校本研修是教师专业发展的重要途径。

1. 加强校本研修课程建设。建构以课程领域、课程模块、课程实施为内容的教师继续教育课程结构；制定校本研修的课程审批制度与校本研修流程规范和管理办法；开发多样化、多层次、多序列的模块式课程资源，全方位地满足本区基础教育的教师需求。相关职能部门为基层学校校本研修提供服务，发挥专业引领作用。

2. 探索校本研修模式。为教师专业成长搭建融教研、科研、培训、教育技术为一体的专业支持体系研修模式。通过专题讲座、观摩交流、校本培训、区域合作、课题研究、自主研究、远程教育等方式，促进教师自主学习，提高教师实施新课程的能力。

3. 加强校本研修基地建设。以自培基地建设为校本研训主渠道，完善、激励学校自主培训、自主发展的机制。以课题研究引领为抓手，鼓励全员参与，建立一批校级、区级、市级、省级、国家级研究课题，造就一批教师专业化研训基地，总结基地建设经验与成果，并发挥基地示范、辐射作用，推动区域校本研修健康、规范、科学、有序地发展。

4. 建立校本研修督导机制。把实施区域推进校本研修制度创新计划的实施纳入基础教育的重点工作、长远规划和督导内容。

5. 加强特色学科培训基地建设。开展"学科教学特色"创建活动，既要发挥窗口学校、名校优质资源的示范辐射作用，又要注重涉农学校、薄弱学校的学科特色建设，从而以点代面，带动学校整体发展，把"特色学科培训基地"作为很好的学科教师培训的重要基地，使对学科教师的培训收到吹糠见米的实效，带动全区学科均衡发展。

第三节 教师教育发展规划保障机制

一、健全组织机构，明确工作职责

建立并完善全区教师教育队伍建设宏观管理体制和组织协调机制。

区教育局成立教师教育队伍建设领导小组和办公室，负责规划文件全称（以下简称《规划》）实施的统筹安排、研究指导、资源整合和评估监控，定期召开教师队伍建设专项工作会和经验交流会，创建规范有序、科学高效的教师队伍成长机制。

区教育局人事科负责区域内教师的师德建设，根据《规划》要求，制定加强师德建设方案并组织实施。

区教育局党办和人事科负责《规划》具体组织实施，分别对区域内的干部队伍、教师队伍进行梳理，明确存在的问题与需求，建立和完善促进校长和教师专业发展的管理制度和机制，组织和协调有关部门开展教师教育队伍建设工作。

区教育局计划财务科负责筹措基础教育人才队伍建设专项经费，保证《规划》重大项目和各类培训配套经费落实到位。

区教师学习与资源中心是中小学教师培训、教学研究、改革实验的基地和教师教育工作资源开发、统筹管理、咨询服务的中心。根据《规划》要求，具体制订教师教育方案并组织实施；根据学校的实际需求，为基层学校提供高品质的教师教育课程和多种形式的专业支持，负责校本研修的业务指导、考核管理。

二、学校精心组织，保证规划落实

学校是教师专业发展的基地，校长的首要任务是教师队伍建设。学校必须将任用教师和培养教师有机结合，使学校成为教师和学生共同成长的场所。要营造氛围，激发教师自主学习的内在动力，进行教师群体和个体的职业生涯引导，并按照不同阶段的教师专业发展的一般规律分层分类开展培训和引领，在引导中考虑平衡不同职业生涯阶梯教师的关注焦点，站在教师的角度去培养教师，真正使教师培训成为全体教师的一种福利、一种权利、一种职业专业化发展的需要和自主学习的内在动力。

各中小学、幼儿园要成立学校教师队伍建设领导小组并有专人负责此项工作，要制订本校教师队伍建设规划并组织实施。学校的教师队伍建设必须规划到教师个体，保证每一位教师的可持续发展。

教师个体要根据学校教师队伍建设规划和自身实际，制定切实可行的个人专业发展规划。

三、加大经费投入，保障规划实施

区财政和区教育局加大投入力度，做到教师教育经费占事业经费的比例逐年提升，继续划出专门的教师培训专项经费，专款专用，确保"规划"确定的各项目标和行动计划配套经费落实到位。

四、加强督导评估，确保目标实现

区人民政府教育督导室依法实施对教师教育队伍建设及其管理的专项督导。加强对《规划》实施监督与评估，把对中小学教师队伍建设的检查评估纳入对学校的教育督导综合检查评估内容，制定具体奖惩措施，定期总结，对达标学校进行表彰奖励，对未完成目标的予以惩罚。

教师教育队伍建设是学校发展的基石，是实施素质教育、提高教育质量的根本保证。加快教师教育队伍建设工作的改革与发展，对于区域教育教学的跨越式发展具有至关重要的意义。认清要求、有序规划、扎实推进，区域教师教育队伍建设工程必将高效、优质，进而使青羊基础教育真正走向现代化。

第三章

➡ 教师教育路径探索与体系构建

"水之积也不深，则其负大舟也无力；师之蕴也不足，则其育长才也无望。"教师作为教育之根本，对教育事业的兴衰成败起着重要的作用，探索教师教育路径，构建教师终身教育体系，是提升教师整体素质，提高和发展区域教育的关键和核心。

教育行政部门，作为教育发展的领导机构行政领导机关，在教师教育路径探索中起着至关重要的作用。为教师教育提供保障、清除障碍、提供动力，都是教育行政部门的职责所在。

第一节　切实履行教育行政部门职责

在区域教师教育路径探索和体系建构中，青羊区教育行政部门努力从自身出发，改革机构，建立教师常规学习制度和常规奖励制度，开展教师主题年活动，营造全社会关爱教师的氛围，为教师的成长铺设出一条宽广的大道。

面对青羊区教师教育路径探索与体系构建的问题，区教育局与区教师学习与资源中心以开放的眼光、发展的思维，开展了多角度、多层次、全方位的实践：从教育行政部门到教师培训机构、从教师教育主管领导到教师教育研究人员，进行了一系列的制度建设和改革；在教师成长方面，从新教师到骨干教师再到名师，实施了一系列不同的教育策略；在教师教育的方式和手段上，既采用形成制度的常规教育方式，又努力探索与现代信息技术相结合的其他方式。通过多方探索，逐步构建起一个相对完整的且具有创新性的区域教师教育体系，使青羊区教师教育走上轨道、走向未来。

一、如何为教师教育提供有力保障

成都市青羊区教育局地处西部要地成都的核心腹地，占地理之优势，承历史之渊源，蕴文化之厚重。青羊区教育局树立了"快、精、细、严、实、勤"的作风，是一个昂扬向上、奋发有为的团体。教育局党政领导班子历来重视教师教育路径探索与体系构建工作，并将它放在重要位置，纳入党政工作议事日程，纳入全年工作目标和单位的目标管理，始终坚持发展三个文明，坚持精神文明重在建设的方针，坚持一级带一级，一级抓一级，现在无论是机关还是系统已经形成齐抓共管，全员参与的工作网络和良好局面。为不断适应社会主义现代化建设对教师教育改革和发展的需要，提供了强有力的保障机制精神动力和智力支持。

（一）抓好教育行政部门自身建设，充分发挥其政治核心作用

为进一步加强和改进领导班子建设，党委班子对机关干部提出了"快、精、细、严、实、勤"的要求，要求机关干部在工作中敢创一流，敢争第一，只要第一，突出"办人民满意的教育"这个主题，牢固树立大局意识、责任意识、服务意识、公仆意识，坚持深入基层，调查研究，扎扎实实帮助学校解决存在的困难和问题，真正提高抓落实的水平和质量，始终以开拓创新的状态和劲头推进系统各项工作，加强规范化服务型机关和学习型系统的建设。

这样一个高效实干强有力的领导机构，充分发挥出了行政部门的政治核心作用，为教师教育的顺利开展和有效实施提供了强大的保障。

（二）建立教师教育常规制度，完善教师教育有效载体

常规制度是一切工作顺利开展的保障，建立一套常规制度是教师教育有序开展最行之有效的办法，青羊区教育局集思广益，制定了一套教师教育的常规学习制度和常规奖励制度，并在实施中不断改革完善，使之确实运作起来，发挥作用，发展完备。

1. 建设教师学习与资源基地。

青羊区教育局全力打造本区教师培训机构，花大力建设了一个全新的教师学习与资源基地：青羊区教师学习与资源中心。青羊区教师学习与资源中心，是教育部认定的首批全国首批教师教育培训示范性县级教师培训机构，集电教、培训、教研、科研于一身，负责定期组织全员培训、新教师培训、骨干教师培训等一系列教师学习活动，并不定时组织教育专家讲座，提升教师思想境界与理论水平。同时，在教师学习与资源中心还设立了教师心理咨询室，面向全区教师，引导教师心理健康发展。

2. 建立学习共同体。

为使全区所有学校都有一个整体的目标，青羊区教育局根据各所学

校的软硬件情况，组织建立了学校学习共同体。组织协调全区各方面的力量，充分整合区内优质教育资源，让各学校彼此之间经常在学习过程中进行沟通、交流，分享各种学习资源，共同完成一定的学习任务，因而在成员之间形成了相互影响、相互促进的人际联系。从 2002 年起，青羊区根据各所学校的软硬件情况和根据本区教师积淀的实际，尊重教师的自身需要、个体差异和个性发展要求，组织协调全区各方面的力量，充分整合区内优质教育资源，组织构建起了区域内的教师培训网络——多元、多层次、网络状的学习共同体，包括学校、片区联组、区级三个层面的多种类型。它从教师自身的需求出发，满足不同教师的发展需要，尊重教师的个体差异和个性发展要求，调动教师的积极性，促进其主动发展；改变了过去单一的自上而下的教师教研培训模式，为全体教师提供展示自己、表达自己、提升自己的舞台，促进全区教师在这个平台上合作交流、平等互动，实现心灵的碰撞和精神的分享。

3. 完善校本培训。

完善校本培训是教师教育的根本之道，校本培训对教师教育具有巩固作用、补偿作用，可以缓解工学教师工作和学习的矛盾，更有助于创建特色学校。青羊区的学校根据自身特点，开展了各具特色的校本培训，如组织教师定期学习，参与教育科研课题，定期教研，教师联合备课等等有效措施。其次，还成立校本培训领导机构。校本培训作为学校的重要工作，由校长亲自抓。成立由校长任组长，领导班子成员、各学科组组长、骨干教师及有关人员组成的领导小组，分工负责抓好培训的各项工作。第三，健全各项规章制度。根据学校实际完善各种规章制度，如考评制度、奖励制度，把校本培训和教师的年终考评及岗位职务晋升结合起来，调动教师的积极性，促进校本培训工作有序进行。最后，为教师搭建展示平台。把校本培训与教师参加各级各类评比、竞赛和教研活动结合起来；积极创造条件，尽可能更多地争取提供和推荐让教师展示自我的各种机会。

二、如何为教师成长加入催化剂

在教师成长过程中，常规的学习制度与奖励制度为教师的发展提供了强有力的保障和动力。在进一步思考有关如何更好地促进教师的自身发展，提高教师发展的积极性和主动性的问题之后，青羊区教育局开展了教师主题年活动，营造全社会关爱教师的和谐氛围，从各个方面关怀教师，促进教师自主发展。

（一）评价制度的激励

有了常规学习制度的保障，常规奖励制度也必不可少，为表彰教师做出的积极贡献，进一步激励广大教师献身教育的敬业精神，为广大教师提供更宽广的展示平台，进一步提高教师的专业化水平，为我区教育事业的发展做出更大贡献，都有必要建立起常规奖励制度。

教育局每两年对教育先进集体和先进个人进行表彰，对在教育教学、学校管理中涌现出的先进集体和先进个人进行表彰，评选范围面向全区各中小学、幼儿园、直属单位教师和教育工作者。评选的项目包括青羊名师、区学科带头人、区优秀青年教师、区优秀指导教师、区教坛新秀、区优秀学科组（备课组）、区优秀年级组、区优秀学科片区联组，等等。

评优工作的组织，由局长牵头，成立评优工作领导小组。由教育局安排区教师学习与资源中心组织专家对优秀指导教师等进行评审。教育局委托、区教育专家协会牵头组织专家对相关项目青羊名师等进行评审。教育局党委对评优最终人选进行审定，并进行公示。公示无异议之后，由教育局组织召开表彰大会，对获奖老师公开表彰并给予物质奖励。

（二）教师主题年的打造

青羊区教育局根据当年教育发展实际情况和全社会发展大趋势，为每一年确定一个教师主题年，根据主题制定相应的关爱教师政策，促进教师发展的动力和积极性。

例如，青羊区把2005年定为教师发展年，2006年定为教师关爱年，2007年定为教师素质提升年，2008年定为教师特色发展年等等。以教师主题年为引导，给予教师相应的鼓励和关怀，提升教师对本职业的自豪感和对工作的积极性。

(三) 全社会关爱教师氛围的营造

青羊区特别注重在全社会营造关爱教师的氛围,从细微之处关怀教师。教师是一个需要"尊严感"的职业,特别注重精神上的满足和个人价值的实现。物质层面的关怀必不可少,精神层面的关怀以及全社会的尊重也同样重要,营造全社会关爱教师的氛围,给教师成长一个和谐温馨的环境,是促使教师主动积极发展强有力的环境推动。

第二节 探索建设教师培训机构

进入 21 世纪,中小学教师培训工作进入了一个以提高教师整体素质为目标的继续教育的新阶段。基础教育的深化改革与发展,特别是新课程体系的建立,对中小学教师培训工作提出了更加严峻的挑战和艰巨的任务,对于承担了 90% 的教师培训任务的区域教师培训机构,在这具有历史意义的转型期面临着生存与发展的抉择。面对这样的现状,培训机构的路在何方?区域教师培训机构怎样才能满足不同层面教师的多元化需求?区域教师培训的效能如何提高?青羊区教育局以严谨务实的态度深入思考了这一系列问题,并在思考中开始了教师培训机构的改革之路。首先整合了教师培训与教育研究机构,随后又合并了教培中心与电教中心,最后建立起五位一体、全方位、多功能的新型教师培训机构——青羊区教师学习与资源中心。

一、旧式教师培训机构的弊端

(一) 造血功能的缺失

自 20 世纪 80 年代以来,因为我国对教师学历的要求日益明确和提高,大量的中小学教师普遍需要提高学历,区域教师培训机构(以教师进修学校为主）一直进行学历补偿教育和学历提高教育，因此，在一段时期内，所以那时的区域教师培训机构业务多，发展也较好。如今，随着学历补偿教育和学历提高教育的结束，教师进修学校那段美好的日子已沉淀为一种记忆的业务量急剧下降。与此同时，由于对各种教育收费行为的规范，加上西部地方财政普遍吃紧，教师进修学校逐步陷入了经费短缺的困境，失去了自身的造血功能，生存的压力凸显，不少教师培训机构的教师的待遇还不如所在区域的中小学教师，这就导致教师进修学校的优秀人才逐渐流失，教师培训也成了"等米开锅，完成任务"的局面，个别地区甚至出现了教师培训经费"零运转"状态。因此，提起教师进修学校，有人认为它是教育系统闲置人员养老的地方，甚至还有人认为教师进修学校是老弱病残教师的收容院。

（二）机构设置的重复

曾经的青羊区，像我国其他各个地区一样，长期存在着多个负有教师培训任务的机构。包括教师进修学校、教研室、电教馆、广播电视大学工作站等，它们在行政上都属于地区教育局主管，但在业务上又分别对应着省市级的教育学院、教科所、电教馆、广播电视大学等。它们自成一体，导致培训、教学指导分家，教学、科研分家，一方面导致资源浪费、效益不高，同时在责、权、利上互相牵制，出现抢"生源"的恶性竞争，也使下面的中小学校感到无所适从，因为它们都要向学校"发号施令"。

二、对培训机构发展与变革的思考

从 20 世纪 90 年代开始，青羊区教师培训机构开始走向整合的道路。同时，2002 年教育部出台的《关于加强县级教师培训机构建设的指导意见》也明确了"要按照小实体、多功能、大服务的原则加强县级教师培训机构建设。积极促进教师进修学校与电教、教研、教科研等相关部门的资源整合与合作，优化资源配置，形成合力，努力构建新型的现代教师培训机构"。到 2006 年，青羊区实现教师进修学校与教研、电教机构的资源整合，形成了一个现代化的集多种功能于一体的全新机构：青羊区教师学习与资源中心。这个以新锐教育理念为支撑的全新机构是在经过青羊区教育者们层层递进的多重思考与实践后诞生的。

（一）第一重思考：整合教育研究与教师培训

1. 教育研究与教师培训密不可分

"教师即研究者"是国际教师专业发展的重要理念。教不研则浅，研不教则枯，教师要想获得持续性发展，适应教育改革的要求，就必须在自己的从教生涯中不断地反思，不断地研究，不断地改进。

所以，新时期的教师培训工作也应该与教育研究有机结合，融为一体。围绕教师素质的提高，以研带训，以训促研，研训结合，实现研究与培训的良性互动。通过研究发现教师在教育教学中需要解决的问题，再通过培训解决问题，也通过培训将研究的成果转化为工作的实效。二者的结合，是适应基础教育改革需要的教师岗位练兵的有效方式，可以切实提高教师培训的针对性和实效性，也是推进中小学教师实现学科专业化的有效途径。教育研究是采用科学的方法，对教育现象和教育实践中的事实，进行了解、收集、整理、分析，从而发现和认识教育现象的本质和客观规律。

教师为什么要成为研究者？

首先，教师成为研究者是时代发展的客观要求。教学系统是由教师、学生、教材、媒体等要素构成。其中教材即教学内容随着时代的发展和科技的进步要不断融入新鲜的血液，教师要更新知识结构，不断整合教材，新课程改革中，国家把课程开发部分权力下放给学校和教师，教师即是课程的消费者，也是课程的开发者、设计者，这就要求应以研究者的身份进行课堂教学实践；教育的对象是学生，他们具有鲜明的个性，不同的智力水平等等，这需要教师因材施教，创造性地进行教育，开挖他们的智慧潜能，这些无疑都要求教师具备较浓厚的科研意识，要求教师在研究状态下工作。

其次，教育研究是教师成长的必备条件。从教师专业成长的角度说，教师的专业知识拓展，专业能力提高和专业情意的发展，都离不开研究。一名师范毕业生由新教师成为合格教师，可以在实践中感悟或师于名师，而模仿和向老教师请教是成为合格教师的一条捷径，可以少走弯路，缩短成熟期；而从基本胜任到名家名师的成长，则需要像科学家那样的探索研究，用理性的目光，大胆尝试，创造性地改进自己的工作，逐步形成自己独特的教学风格，成为业内的行家里手。国内外许多教育家，如美国的桑代克，我国的陶行知等人，他们都是教师出身，但他们在工作中研究，在研究中工作，探索出教育的真谛，成为大教育家，被后人敬仰。

最后，只有教师成为研究者，才能使教研活动根植于课堂，也才能使教育研究成果很好地在教育实际中加以应用，较好地变为教育生产力。"教师即研究者"运动的积极倡导者斯藤豪斯谈到："如果没有得到教师这一方面对研究成果的检验，那么就很难看到如何改进教学，或如何能满足课程规划。如果教学要得到巨大的改进，就必须形成一种可以使教师接受的，并有助于教学的研究传统。"教师通过研究，可以转变传统的教育思想，树立现代的教育发展观、人才观、教育教学观。构建新的教育理念，是教育改革发展的先导和动力；还可以构建以生为本的高效的课堂创新模式，推进素质教育的进一步深入，教育研究的理想是，每个课堂都是实验室，每一位教师都是科学共同体的成员。

2. 教研室整合到进修校刻不容缓

解决了教师为什么要成为研究者的问题，接下来面对的是教师如何成为研究者的问题。面对这个问题，在操作层面上，青羊区教育局意识到把本区原有的青羊区教师进修校与教研室整合到一起的方案刻不容缓。

在这种思路的指导下，1992年，青羊区把教研室与进修校进行整合，建立了融教育研究与教师培训为一体的教师教育研究与培训中心，立志于把教师培养成合作者、学习者和研究者。使研究成为教师的一种工作状态，把研究推广到行动层面。整合重组后的教师教育研究与培训中心具备了培训与科研两个功能，承担全区教师教育的组织、协调、指导、管理和服务，单位领导责任明确，制度健全，建立了有效的协调机制，同时进一步拓展了中心教研、服务的功能。一方面积极配合教育行政部门实施本地区义务教育阶段教师培训及培训管理工作，另一方面又重点开展对全区学科教育教学的研究活动和教改实验，全面全程地对区内各级各类学校的教育教学质量实施具体管理、指导、监控、考核、评价，促进全区教育教学质量的稳步提高。

(二) 第二重思考：用信息技术为教培中心插上发展之翼

1. 新世纪，新问题，新机遇

进入 21 世纪，教师的专业化发展越来越受到关注与重视。飞速发展的网络信息技术给教师成长带来巨大的机遇，同时也带来巨大的挑战，作为区域教师培训机构，如何抓住这个时机，顺势而上，充分利用网络信息技术的便利，使教师教育得到一个质的飞跃，是教培中心在新时代面临的新问题。

全面建设小康社会的时代背景对高素质专业化教师队伍建设的要求，是以教育信息化带动教师教育现代化，实现不同地区、不同层次的中小学教师共享优质教育资源，全面提高教师教育质量水平。飞速发展的网络信息技术也让我们深刻认识到"网络化信息中心"是让我们成为"教师学习和资源中心"的必然要求。尤其是教育部提出关于建设"全国教师教育网络联盟"的意见后，加快网络信息化建设，促使教培中心与电教中心的整合更是刻不容缓。

2. 教培中心与电教中心的整合

在缜密思考、大胆尝试后，青羊区教育局领导认为，应该对教培中心进行再次整合，把教育局原下属机构电教中心也融入到教培中心成为其中一个全新的部门：信息技术部，并把建立一个"网络化信息中心"确立为教培中心"十一五发展规划"目标之一，由信息技术部负责对全区教师进行现代教育技术的培训，帮助全区中小学教师利用现代远程教育设施开展自主学习，为学校现代远程教育提供支持和服务，构建起中小学教师全新的网络平台。

三、全方位多功能教师培训机构的诞生

在多重思考与逐步深入的改革实践中，一个全方位多功能的教师培训机构——青羊区教师学习与资源中心逐步建立起来，新建立的青羊区教师学习与资源中心打破单一、封闭的旧局面，建立多元化的教师培训新格局，"上挂下联"，即上靠高校，下联学校；"五位一体"，即进修校、教研室、电教馆、系统党校、附属小学浑然一体，组成了一个全方位多功能的教师培训机构，优化了资源配置。根据"小实体、多功能、大服务"的要求，将中心建设成为全区教育发展的"五个中心，一个枢纽"的新型教师培训机构，即"思想、理念领航中心"、"教学指导、研究中心"、"教师专业化提升中心"、"基础教育质量监控及改革研究中心教育信息化技术支持中心"、"教育科研指导、管理和实施中心"、"教育信息与资讯和资源交换枢纽"。同时依托"多层次、网络状、立体化的教师培训模式"，形成了有效促进教师专业发展的良性运行机制。

（一）依托高校，提升教师培训的品质

青羊区教师学习与资源中心上挂北京师范大学教育学院，成为"北京师范大学教育学院教师教育研究基地"，依托北师大的教育人才资源优势，为我区教师培训提供良好的咨询与服务；利用北师大教师教育资源的优势，提升我区教师队伍的教育教学水平；借助北师大教育科研的优势，提高我区教师的教育科研能力；通过北师大教育专家的指导培训，为我区培养一批名教师和名校长；通过利用北师大优质的教育信息资源和教育技术资源，使我们成为现代化的教师发展中心和信息资源中心；通过与北师大教育专家形成良性互动的培训机制，促使我区教育步入内涵式和持续、稳步、快速的发展轨道。

此外我们还与四川师范大学、成都大学教师教育学院等高校和其他教师培训机构有着良好的工作关系，它们经常为我们提供培训和技术支持。与高校的密切协同和融洽的合作，不仅丰富了我区教师培训的资源，而且有效地提升了我区教师培训的品质。

我们与高校建立了定期培训和不定期交流机制。几年来，根据我区教师发展的实际需要，一方面把区内教师送到高校进修，如北师大新课程培训班，华东师大骨干教师进修班；另一方面把高校及省市教育主管部门和研究部门的专家请进来，为教师发展提供指导。例如，请国内知名的教育专家顾明远、谈松华讲如何提高专业素养，请厉以宁教授、李继星教授讲现代学校制度建设，请北师大丛立新教授、中央教育科学研究所高峡研究员解读新课标，请省市教育专家姚文忠、李镇西解读教育名著、经典文化，请省教育厅周雪峰处长讲师培与教师专业化发展等。

（二）依托现代信息技术，营造知识信息大棚

1. 完成了新形势下"信息中心、资源中心、资讯中心"的机构功能新定位

首先在硬件方面，加大投入，加快信息化建设。我们逐步完成了资源中心的网络教室、电子期刊阅览室的建设和升级工作，提高了信息服务的容量和质量，达到了国家所规定的远程教育校外学习（点）的有关标准要求。中心设具有符合支持服务要求的专职管理人员、服务人员和技术人员3人。多媒体网络教室有80台计算机，2台教师机，配备了多媒体网络控制系统的硬件设施，工作站全部能够接入互联网。中心办公室网络系统已经建成，达到了每人一台笔记本电脑，一台台式机，通过数据分中心进入互联网，通过局域网已经实现数据自由交流和共享。多功能教室的互联网计算机、数字投影仪、视频展示台、教学摄像机、VCD、广播系统配备齐全。建立了卫星接收系统及专业教学视频编辑系统，数据库支持；动态实时更新；配备戴尔、惠普及神州数码等服务器5台，实现了网站、数据库、电子邮件、资源库等多种应用功能，并实现了在局域网上存储和共享教学信息。有一台专用UPS，并配备了独立的电池柜，可保证其正常运行。中心建成了100M主干、100M到桌面的局域网，通过2M电信光纤接入互联网。并且，中心建有能容纳300余人的大型学术报告厅一间，具备实现远程教育、网络教育等功能。

青羊区信息分中心与教育局机关、区内中小学及直属单位相连接，在全区范围内实现互连互访的高效实用的计算机网络系统，建起了卫星电视接收系统，并能与互联网连接。卫星电视教学系统与"校校通"相连。具有双向视频教学的条件，开展了"专家在线"、"教育社区"等多种形式的网上教学。"青羊教育信息网"的开通，为青羊区的教育工作者搭建了一个信息交流平台，并由专人负责进行管理维护和更新。

其次，在软件方面，我们率先搭建了教师网上学习通道——"专家在线"和"教育学习社区"。青羊区是基础教育强区。几代青羊教育人的不懈努力，让青羊教育不仅有深厚的底蕴积淀，更有良好的社会声誉。我们也拥有一大批教育教学的行家里手，他们不仅拥有丰富的教育教学经验，而且都怀揣着一颗服务青羊教育的拳拳之心。伴随年龄的增长，他们中的部分专家从教学的第一线上退了下来，为了满足他们继续服务青羊教育的愿望，为了让更大范围的教师得到他们的指导和帮助，让他们的教育经验更大范围地服务社会、家庭，我们依托信息技术发展的硬件基础，率先开通了"专家在线"，架起了一条连接教育专家与普通教师、家长和社会各界人士的教育桥梁。每周三下午，区内的专家都会守在电脑旁，通过网络与来自省、市、区内外的同行们研究教育教学；与家长们商量子女的教育难题；与社会人士探讨教育热点。他们的知识与经验在最大限度上服务了青羊的教育发展，为青年教师们提供了宝贵的学习经验，帮助了他们的成长和发展。由于专家实时答疑时间是有限的，于是我们又开办了"教育社区"栏目，作为"专家在线"的延续和补充。教师们可以在"教育社区"提出自己的问题与专家进行讨论，充分发挥互联网的超时空特性来开展交流和学习。

"专家在线"和"教育社区"是与时俱进的工作创新，是新的历史时期教育智力资源共享的新方法、新途径。栏目开办至今，有千余人次参与讨论，取得了良好的收效。

2. 引进了大量网络信息资源，扩展教师学习空间

在当前信息高速膨胀的时代，仅仅依靠我们有限的书本资源、专家

资源是远远不能满足教师学习需求的。为此，区教育局、区学习与资源中心及时扩大了教师学习的时空范围，不惜每年以数十万元的资金引入了"清华同方 CNKI 中小学多媒体数字图书馆"，通过设在资源中心的数据交换枢纽，区内的教师可以通过清华同方的"学习通道"自由地进入资源系统，进行资源的下载和网上学习，极大地方便了广大教师查阅信息和寻找资源。教师再不用为了一个专题的查新而翻遍厚厚的几十甚至上百本书刊、杂志。2005 年是青羊教育"关爱教师年"。年前，我们的教师每人获得了 6 张教师关爱卡，其中的"E 网卡"是教师们获得网络资源学习的又一条途径，凭这张卡，教师们可以在节假日到资源中心的电子阅览室借阅多媒体刊物，进行专题研究和学习。现代化的信息技术手段已经让老师们走进了自主学习和发展的自由空间，在享受着由此带来的学习快乐的同时，也让自己的课堂有了更多的新鲜信息和优质的教育资源，课堂的教学效果也有了明显地提高。

3. 加强教师的信息专门业务技术培训学习

中心的培训形式以集中规范性培训为主，先后开办了"多媒体课件制作班"、"网页制作及网站建设培训班"、"网络应用班"、"网络图形处理高级培训班"、"操作系统高级应用班"、"网管人员培训班"、"多媒体网络教室管理人员培训班"，等等，并且还深入学校进行具体指导和培训，在各校开展了"Intel 未来教育"等多种层次的校本培训，逐步建立起了从上到下的立体式培训结构。

目前，区内各学校的教学资源和教育信息都能在青羊教育信息网上实现自由的传输和交流。我们已经构建起了中小学教师研培、教师学习的全新网络平台，集成、整合了各类型的信息资源，不仅服务了各级各类课题研究工作，同时更加快捷地为区内学校、教师提供了各种最新的信息，打通了与学校的数据交换和共享通道，更加有效地服务于学校的教育教学工作。

（三）五位一体，整合优质教育资源

教师成长与发展的前提是不断学习和反思创新。对于教师继续教育的重要机构而言，创造一个利于教师成长和发展的学习环境和氛围是至关重要的。现代教育事业的发展需要的是牢固树立了终身学习思想的教育工作者。信息时代的大潮中，只有积极进取、不断学习，教育工作者才能够立于时代潮头。学习与资源中心应当是师者之师的摇篮，是从新手走向成熟教师的摇篮，是成熟教师走向专家型教师的摇篮，也是师者之师的摇篮。他们的成长离不开丰富的知识营养，区域教师培训机构的任务之一就是给教师提供一个可以不断汲取营养的成长基地，更新教育思想，感受时代教育发展改革的脉动，让他们当好引领全区教育教学改革发展的排头兵。为实现这一目标，我们依托上挂下联的教师培训发展机制，同时建立与所辖区域学校及业务挂靠学校联系和沟通的有效工作机制。对所辖区域的 56 所学校及业务挂靠的 87 所机关、军队、企业和私立学校进行教师培训、教学研究指导、常规管理、质量监控和教育科研的指导和管理，建立了定期到所辖学校的"帮扶制度"、"蹲点制度"、"视导调研制度"，每学期都将对全区所辖学校进行至少一次深入学校的现场教学指导。

依托上挂下联的教师培训发展机制，同时建立与所辖区域学校及业务挂靠学校联系和沟通的有效工作机制。对所辖区域的 56 所学校及业务挂靠的 87 所机关、军队、企业和私立学校进行教师培训、教学研究指导、常规管理、质量监控和教育科研的指导和管理，建立了定期到所辖学校的"帮扶制度"、"蹲点制度"、"视导调研制度"，每学期都将对全区所辖学校进行至少一次深入学校的现场教学指导。

青羊区教师学习与资源中心承担全区教师教育的组织、协调、指导、管理和服务，单位领导责任明确，制度健全，建立了有效的协调机制，进一步拓展了中心教研、服务的功能。中心积极配合教育行政部门实施本地区义务教育阶段教师培训及培训管理工作，重点开展对全区学科教育教学的研究活动和教改实验，全面全程地对区内各级各类学校的教育教学质量实施具体管理、指导、监控、考核和评价，促进全区教育教学质量的稳步提高。中心教师培训工作着眼于"以校为本"的研培思路，在"重心下降，阵地前移"的理念指导下，为全区中小学教师开展校本研修提供指导和服务。中心已经建设成为全区青年教师成长的"110"，一般教师的"加油站"，骨干教师提升的"摇篮"，广大教师真正意义上的"教师之家"，为此，中心于2005年3月被四川省教育厅评为首批省级"校本研修"实验基地。中心配合教育局，实施教师资格认证制度，建立了中学、小学、幼儿园教师资格学科专业考核认定评议组，对区内中小学教师资格进行考核认定。"网络化信息中心"是中心"十一五发展规划"目标之一，我们信息技术部对全区教师进行现代教育技术的培训，帮助全区中小学教师利用现代远程教育设施开展自主学习，为学校现代远程教育提供支持和服务，构建起中小学教师全新的网络平台。中心还充分发挥熟悉学校及教师情况、把握教育发展动态的优势，成为教育局的"参谋部"，为教育局提供政策咨询服务，为区域教育的发展提出建议。教育局的每次重大决策都征求中心意见，中心也充分利用人力和技术优势，进行研究，为教育局的决策服务。如"现代学校制度的研究"，"农民工子女学习状况的研究"等对青羊乃至全国教育都有较大影响。

（四）全新教师培训体系为教师成长带来的新变化

青羊区教师学习与资源中心建立以后所形成的上挂下联，多层次、网络状、立体化的教师培训体系使我区教师成长发生了明显的变化，这些变化表现在以下几个方面：

1. 教师个体发展与集体提升并重。

过去采用的自上而下的教师培训模式，教师和培训者之间是直线形的流程关系，教师与教师之间的合作交流不足。而目前形成我们的多层次学习共同体在注重教师个体发展需要的同时，要更加关注教师群体素养的提升，因为仅仅改善教师的个体行为不足以达到期望的目标。在多层次的学习共同体中，学校内外、系统内外具有相同爱好、经历、问题、志趣等的教师可集中在一起，彼此沟通、推心置腹、充满活力地共同探讨、研究和对话。在其中，所有的成员都具有平等的话语权和参与权，相互倾听、相互理解、相互启发、相互协作、共同发展，在对话中获得理解和沟通，获得精神的交流和成果的分享，有效地促进了群体水平的提高。同时每个成员都能充分张扬自己的个性，实现各自精神的发展。

2. 教师得到更大的发展空间。

多层次的培训网络，整合了区域内的优质教育资源，改变了过去一味强调拓展教师知识的培养目标，更多注重教师专业能力和综合素养的提升；改变了单纯的理论学习，注重自主学习、问题研究和教育实践的有机结合；改变了单一的、自上而下的教授灌输模式，倡导专家、行政领导、教研员和教师之间平等对话、合作互动，相互引领、共同提升；从教师自身需求出发，满足教师的发展需要，尊重教师的个体差异和个性发展要求，为全体教师搭建起展示自己、表达自己、提升自己的平台，为教师提供了更多的舞台和空间，教师有了自主选择发展方向的机会。

3. 教师的培训成长与工作同步。

多层次的学习共同体使教师的培训渗透到变为形式多样的工作中渗透培训。传统的教师专业发展中，教师是知识的被动接受者，教师培训意味着教师集中参加学习班。而我们现在的教师培训除了吸收传统集中培训的优势以外，更多地是把教师的培训与教师的日常工作紧密相连。在各级各类学习共同体中，教师们通过集体备课、参加课题研究小组和问题解决小组、观察同伴的教学等方式，实现教师的提升。这样，教师的发展更多地从依靠专家的知识和技能传授转变为依托教师对教和学过程的研究。教师可以通过将更多的工作时间用于参加各种活动，以改善对教和学的理解，从而得到进行专业发展。

第三节　新形式下教师培训者职能定位

教育行政部门与教师培训机构在变革。在新形式下，习惯了旧的工作方式的教师培训者即教研员如何重新找准自己的定位，以适应时代的发展成为一个严峻的问题，青羊区的教师培训者直面挑战，提出教师培训者教研员专业化发展的思路，从身份到工作方式实施全方位的转变，把自身定位为集研究、指导、管理、培训、评估、咨询等多种能力为一体的教育研究和教师培训工作者。改革发展后的教师培训者教研员成为了先进的教育观念和教育思想的传播者，教育教学过程的研究者和指导者，学校教育教育过程的部分管理者，教育科研和教学研究的组织者和参与者。

一、新时期教师培训者面临的挑战

（一）教师培训机构改革带来的挑战

为了应对教育的发展对教师培训的挑战，我们改革了教师培训机构，设计了教师学习与资源中心的全新功能。然而，作为中心功能的执行者，随着教师培训机构的逐步改革以及教师学习与资源中心的建立，教研员及教师培训者的身份与工作方式也随之发生了巨大的转变，也面临了巨大的挑战，自身所处的机构功能的变化必然带来教研员身份与工作方式的转变，因为归根究底，教师学习与资源中心的全新功能都是由教研员来执行和完成的。

（二）教改深化、课改实施带来的挑战

教师培训者教研员面临的挑战同时主要还来自外部，教改的深化与课改的实施也给教师培训者教研员提出了另一大难题，如何跟上教改和课改的步伐甚至走到教改和课改的前列，进而适应新时代教育发展的需

要，是教师培训者教研员必须要面对的现实。

（三）学校发展和变化带来的挑战

教师培训者教研员是面对学校面对教师的一个群体。当前，学校也发生了巨大的发展和变化，教师年龄结构下降，而学历结构在上升，其知识结构也呈现出多元和丰富的特点。教师自我发展的意识强化，自我发展要求的提高，学校校本研究活动的深入发展，迫切需要相关的指导，而教师个体教学水平、研究水平的不断提高，学校发展水平的不断提高，又需要迫切指导和及时进行总结和研究。在这种情况下，学校和教师对教研员的知识和能力要求越来越高，这些都对教师培训者的知识和能力提出了新的更高要求。教师培训者教研员面临前所未有的压力和挑战。

（四）教育行政部门对教师培训机构的要求提高所带来的挑战

除此之外，教育行政部门也在对教师培训者教研员提出更高的要求，不但需要教师培训者教研员深化原有的教研工作，还要求教师培训者教研员能拓宽新的研究领域，不但能辅助教育行政部门实施教育培训、研究和管理，还能以新的理念和新的研究成果促进引领教育行政部门的发展，起到教育先锋的作用。

二、教师培训者功能的定位

面临如此众多而且严峻的挑战，青羊区教师学习与资源中心的教师培训者教研员迎难而上，首先是力求找准自己的定位，不断进取提升，经过反复思考与实践，把中心的教师培训者自身定位为集研究、指导、管理、培训、评估、咨询等多种能力为一体的教育研究和教师培训工作者。

（一）研究

教育研究是教师培训者教研员工作的最重要部分之一。教师培训者教研员对影响教育质量提高的诸因素进行研究，重在对教育改革的趋势、教学过程、教育对象的研究。青羊区教师学习与资源中心要求每个教师培训者教研员都必须介入一个或一个以上的教师教育科研课题研究，以课题研究促进教师成长，以课题研究为中介，对教师教学和教师成长进行指导。

（二）培训

对教师进行业务培训也是教师培训者教研员工作的最重要部分之一。青羊区教师学习与资源中心的教师培训者教研员为本区教师根据其自身具体情况制订了相应的培训计划和培训课程，为新教师搭建成长平台，为骨干教师提供成长机遇和助力等等。

（三）指导和管理

中心的教师培训者教研员的另一个重要功能是对教师的指导和管理，一方面是对教育过程和教师的研究过程进行指导，另一方面又协助教育行政部门承担部分教学管理的责任。

（四）评估和咨询

最后，中心的教师培训者教研员还要担任其学校和教师评估的重任，并为教育行政部门以及学校的发展提供咨询。

三、向着专业化发展的教师培训者

在各种严峻挑战的激励下，青羊区教师培训者教研员重新思考、重新定位，并提出了教师培训者教研员应该向着专业化方向发展的目标。

（一）专业精神

首先，教师培训者教研员要具有专业化的精神，要理解教育、理解教师、理解自身的工作与职责，要有责任感与事业心，要尊重教育、尊重教师，同时，在工作中要积极进取、提高创新能力以及敏感性。

（二）专业知识

专业知识首先包括教育学、心理学、教育研究的基本知识。其次是学科知识，教师培训者教研员对自己学科的基本知识结构及相关的知识发生、发展过程要有全面清晰和深刻的掌握，同时要把握学科的特点及育人价值，学科知识之间及与其他学科的联系。再次，是文化知识，教师培训者教研员要具备较高的文化素质，这直接决定了教师培训者教研员能力与水平的高低。

（三）专业能力

教师培训者教研员的专业能力包括：发现能力，即发现教学、教育管理中的问题，发现教师教学特色和潜能的能力；发现教师共同关心的问题，发现提炼和总结教师经验的能力。收集和处理信息的能力，把握教学总体要求及变化，学科教学的动态和发展前沿，兄弟单位的动态，教师的教学情况及变化等。教研的组织能力，即教研活动的策划和组织能力，专题研究活动的组织能力，团结组织教师的能力。教学指导的能力，如分析、把握课标、教材，分析课程、教学现状及发展趋势、教学设计，观看课、评课，开设专题学术讲座，指导和引领校本研究的能力，试卷命制和试卷分析的能力。此外，还有推广先进教学经验、课题研究、公文写作、使用现代教育技术等能力。

四、教师培训者身份的转变和教研工作方式的转变

随着教师培训者教研员工作职能的转变和专业化的发展，青羊区教师培训者教研员从身份定位到教研方式都发生了全面而深刻的转变。

（一）教师培训者教研员身份的转变

改革发展后的教师培训者教研员成为了先进的教育观念和教育思想的传播者，教育教学过程的研究者和指导者，学校教育教育过程的部分管理者，教育科研和教学研究的组织者和参与者。

（二）工作方式的转变

1. 工作重心下移，互动加强互动。

走进一线教师，教师培训者教研员每学期听课节数，涉及的学校数都必须达到一定数额，牢固树立为基层服务的思想，为教师服务、为教学一线服务的思想，将教研工作的重点下移到学校，推进到课堂，采用评课、座谈、个别交流、领导反馈等形式，为学校服务，为教师服务。

教师培训者教研员以服务者的身份走进学校，走进课堂，与教师们平等对话，互动研究，给教师的教学提供切实的帮助，为教师解决教学中的疑难。教师培训者教研员不再是居高临下的指手画脚，而是教师学习发展的伙伴和垫脚石。有老师在谈到教师培训者教研员时说："现在的教师培训者教研员就像是朋友、师长，他们和我们一起研究、讨论我们的问题，一起寻找解决的方法，少了说教和指责，听了我们的课多了肯定，多了商量和交流，我们也乐于和他们在一起，他们的知识和经验确实能够帮到我们，我希望他们来看我的课。"

从前经验式的讲座、传授式的谈话等"闭门造车"式的教研已寿终正寝。教师培训者教研员走进学校，走进课堂，从"研教"转向"研学"，与教师一起学，与学生一起学，教师培训者教研员倾听学校、教师的心声，与他们共同合作、交流，创新机制，共同促进，共同发展，相互引领。

2. 主体多元，形式多样。

教师培训者教研员积极组织自己所管辖的教师开展观摩交流研讨活动、专题讲座等，开展具有实效性强、有创新的活动，比如，建立联系点学校，发现并及时解决问题，总结经验，及时推广，力求在提高教学质量的途径和方法上有所突破。指导新教师，为了加快青年教师实现由受教育者角色转换的步伐，同时也是为了加大青年教师岗位成才的力度，以师徒结对子为基本形式实施对青年教师的培养和指导。组织示范课，研而不教则空，为了及时捕捉教学信息，始终站在学科最前沿，积极组织示范课，发挥教研员专业引领的作用，同时，为了践行专业引领，解决教师教学中的棘手问题，学期初有课任教师将认为有难度的科目选定，由教研员来上示范课，进行专业到位的指导和服务。

五、改革成效

青羊区现有专职教师培训者教研员（教师）34 人，兼职教师培训者 32 人，青羊区教师学习与资源中心现有专职教师占全区在职教师人数的 1%。青羊区教育局在《"一三一现代教育工程"教师培训者教研员队伍建设（暂行）》文件中对教师培训者教研员的任职条件、岗位职责、考核方法、聘用、流动、下派等都做了明确的规定和要求，把对教师培训者教研员的管理纳入全区教师管理体系，强调教师培训者教研员队伍动态管理，能进能出、能上能下。近年来不适应教师培训者教研员工作的教师流出 2 人，1 名几年前由高校毕业直接进入中心的教研员下派学校从事教学工作。引进中小学校级干部 3 人、区内外骨干教师多人充实教研员队伍。近三年来教师培训者教研员流动更新人数 18 人，达到 31%。学科教研员均从基层学校选拔，面向全省公开招聘、全面考核。教师培训者教研员一般都具有 8 年以上一线教学经历且都为学科骨干教师，对个别特别优秀者放宽年限为 3 年。

青羊区教师学习与资源中心的学科教师培训者教研员掌握现代教育理论，了解本学科发展趋势，专业基础扎实，学科教学经验丰富，有较强的教学实践、创新能力和教育教学研究能力。各学科教师培训者教研员熟悉中小学、幼儿园教师继续教育的特点、规律。他们作风踏实、深入，结合课程改革和教师发展的现实需要，开展丰富多样的继续教育教学活动。教师培训者教研员明确新课程改革的目标、方向，掌握学科课程标准，有较强的课堂教学实践和研究能力。他们每学年深入中小学课堂、幼儿园半日活动人均达 100 余次（青羊区教师学习与资源中心规定教师培训者教研员每学年听课数不少于 80 节）；下到学校视导每周不少于 2 次，每学期无缝覆盖"薄弱学校"，每学年无缝覆盖全区及区外业务挂靠校；每学期参加学科片（联）组大校本教研不少于 4 次，为学校的校本教研培养、树立示范性优秀教研组 2 个以上。在深入学校的过程中，教师培训者教研员牢固树立服务意识，与教师共同解决教学问题，帮助学校诊断管理问题、提出合理化建议。青羊区教师学习与资源中心现有的教师培训者教研员队伍中有特级教师 3 人，市学科带头人 3 人，区学科带头人 22 人，中学高级教师 17 人，占教师总数的 60%，中高级职称教师占教师总数的 100%。教师培训者教研员中具有本科学历或同等学历的教师占 88.2%，研究生和在读研究生 7 人，占 20.6%。

青羊区教师学习与资源中心专、兼职教师培训者教研员人数之比为

1.1：1。兼职教师由高校教师、市区教育专家、特级教师、省市区优秀校长、中小学（幼儿园）骨干教师等组成。我们请高校专家、理论工作者为教师培训者教研员、学校干部、教师讲学，指导课改实验，指导教育科研。青羊区教师学习与资源中心对兼职教师培训者教研员实行规范化、制度化管理，制订了兼职教师培训者教研员岗位职责、管理条例，明确他们的工作任务和内容。青羊区教师学习与资源中心对兼职教师培训者教研员实行动态管理。青羊区教师学习与资源中心在"重心下降，阵地前移"的师培工作指导思想引领下，根据县级教师培训机构的性质和任务要求积极调整工作方向。来源于中小学、幼儿园一线的兼职教师培训者教研员的主要职责是参与教材教法培训、主持片（联）组校本教研、参与学校调研、指导青年教师、参与学生学业质量评价、参与教学研究等。一线兼职教师培训者教研员每学年完成中心规定的培训活动，不低于 30 学时，教育局人事科、区教师继续教育办公室负责对兼职教师培训者教研员的考核。考核不合格者，解除聘任合同；优秀者转为专职教师培训者教研员或聘用为学校干部。近三年，他们中有 5 人进入专职教师培训者教研员队伍，有 7 人聘任为学校中层或校级干部。由于他们来自一线，亲身参与教学实践，因此培训工作贴近教师实际和需求，有的放矢，针对性强。他们的实践性优势与专职教师培训者教研员的理论性优势达到优化整合，使青羊区教师培训工作成效显著。

▽ 第二章 教师教育路径探索与体系构建 △

第四章

➡建设多层次教师培训机制

"因材施教"是教师在教学时的一大重要原则,其实,教师教育同样需要"因材施教"。如果把教师大致分为新教师、骨干教师、名师等三大群体,应该根据各个群体的不同基本特质,制定出相应的培训模式,并建立起三大群体之间的培训联系,形成教师逐级成长的良好态势。

第一节　新教师培训：五步培养法

　　青羊区针对不同的教师群体和不同的教师发展需求，明确提出了全区教师继续教育工作要按照"抓全员、固塔基，抓骨干、壮塔身，抓名师、树塔尖，抓新人，促塔活"的工作思路，以教师培训内容的生成性提高教师继续教育的针对性，以教师培训形式的创新性提高教师继续教育的积极性，以教师培训过程的实践性提高教师继续教育的实效性，努力构建"多元、开放"的培训体系和"和谐、共进"的培训文化，分层次有区别地开设了不同的教师培训班和设计了不同的教师培训内容，并根据培训情况不断探索新的培训方式和培训内容，以期找到最适合不同群体教师，最符合教师成长规律的教师培养方式。

　　教师是学校的生命与发展源泉，是推动教育事业向前发展的核心力量。而青年教师的培养与使用，又是师资建设的关键所在，青年教师是教师队伍中的一支骨干力量，学校的兴衰，教育的成败，今天的发展和明天的腾飞都维系在他们身上。基于这种认识，青羊区教育局采取了一系列有效措施，作了一系列的新尝试、新探索，大力加强教师队伍建设，取得了明显成效，为提高教育教学质量奠定了坚实的基础。

　　（一）文化与人——培训理念新探索

　　青羊区历史悠久，地域经济、巴蜀文化非常发达，历史积淀极其深厚。杜甫草堂、青羊宫、浣花溪公园、百花潭公园、文殊院这些自然与人文和谐共存交相辉映的名胜之地给了青羊区无尽的灵气。从唐代开始，青羊地区的文化活动就非常丰富，人们或泛舟浣花溪、或赶青羊宫庙会、或贺草堂人日、或聚文殊听经，这些文化活动使得一脉人文之光代代相传，植养出青羊厚重的文化底蕴。

映衬着这样的历史背景，站在新世纪的潮头，青羊教育对新教师的培训应该想得更深，要培养的是一支思想素质与专业素质双高的教育新锐之军，一支文化历史底蕴深、实际教学技能高的教育实干之军，一个拥有共同的光荣与梦想、具有强烈凝聚力和上升力的教育团队。

要实现上述这样的新教师培养理想，首先，要从教师的个人基本素质抓起。一个优秀的教师，首先要是一个优秀的"人"，正如法国的卢梭曾在他的著作《爱弥儿》中所说的："在敢于担当培养一个人的任务之前，自己就必须要造就成一个人，自己就必须是一个值得推崇的模范"。青羊教育局要培养的正是这样的"模范"，要成为合格的青羊教师，首先他（她）必须是一个有理想、有道德、有激情、有智慧、有信心的人，一个堪称青年模范的人。

所以，在对新教师的上岗培训中，教育局牢牢抓住这一点，在培训中处处提醒新任教师们，做一个优秀的教师前先要做一个优秀的人，严格要求自己，注重多方面培养自己的素养，树立谦虚谨慎的学习态度，养成自信优雅的人格魅力，积淀深厚丰富的文化底蕴。

同时，除了个人基本素质优秀这一至关重要的前提条件，专业素养的过硬也是一个必备的条件，对教师教学水平、教学技能的提高和培养，是新教师培训的重中之重。如何让新任教师尽快实现角色转换，从一名合格的大学毕业生转变成一名合格的人民教师，熟练掌握教师应具备的基本技能，顺利进入工作岗位并较好地完成各项学校工作，这是新教师上岗培训首要完成的任务。新教师上岗培训无论做何种新探索、新改革，这一基本点始终不能动摇。

（二）循序渐进——培训模式新整合

美好的前景需要在完善的制度保证下才能成为现实，2006 年，青羊区特别制定了《青羊区中小学教师上岗培训实施方案》，以提高新任教师队伍的综合素质为核心，按照"一年见习，两年入格，三年合格，四年升格成为骨干"的目标，采取"管、训、评"分立的办法，即由区教育人才管理服务中心负责管理，区教师学习与资源中心和任职学校负责培训，教育评估事务所负责考评，构建了一个完整的新教师专业成长实施体系。

新教师"五步培养法"：

青羊教育局构建出一个完整的培训体系，分五步实施对新教师的培养。

第一步：体验式学习。

新教师在与教育局签约后，区教育人才管理服务中心根据新教师情况，安排到本区的各示范学校，在优秀老师的带领下开展为期一个月的体验式学习，直观感受示范学校的校园文化和名优教师的人格魅力，为尽快适应青羊教育打下良好基础。

例如，把与教育局签约的大学生在毕业前就下放到本区的各示范窗口学校，由优秀教师带班学习两周到一个月的时间。新教师往往存在这样的问题，他们在大学里学习了一定的理论知识，经过教育实习，对教学也有了初步的了解，但当他们正式从教后，发现以前学校里学习的理论知识在实际的教学中远远不够用，或者有了理论知识不知道如何用，实际的教学远比想象的复杂。为了解决新上岗教师的这一困难，采取新教师毕业前下放示范窗口学校，在优秀老师的带领下开展体验式教学的方法，让他们能够熟悉了解青羊的教育现状，先进教学理念，感受窗口学校良好的教学氛围，并为自己未来教学工作的实施确立起基本的教学思路，避免新老师上岗后找不到自己的定位和不知如何开展工作的困境。

第二步：岗前培训和户外拓展训练。

新教师在正式上岗前，区教师学习与资源中心对其进行综合素质培训。首先是对新教师业务素质的培养。其次是对新教师开展主题为"励志磨炼，激情上岗，苦乐共享"的户外拓展训练，对新教师进行情感、意志以及团队精神的培养。使新教师尽快走进青羊教育，熟悉青羊教育。在新教师正式上岗前利用暑假开展综合素质培训。这一短期集训又分为两个部分，第一部分是对新教师业务素质的培养，针对当前教育现状与新教师的实际情况，设置具有创新性和针对性，内容丰富紧凑的多种课程，选用教育专家和优秀骨干教师进行讲授，在课程后马上进行考核，确保培训的有效性。第二部分是对新教师情感、意志以及团队精神的培养，在业务素质培训后对新教师开展户外拓展训练。

第三步："青蓝结对"。

让新教师与区内名优教师和任职学校的骨干教师进行"青蓝结对"，"多对一、一对一、一对多"，避免人才培养中的递减现象，确保新教师通过"转益多师"、"博采众师之长"策略达到超越师傅、超越前贤的目的。

例如，新教师上岗后实行"学科带头人、学校新上岗教师结对子"措施，由优秀教师对新教师实行一对一的帮助指导，确保新教师的培训能持续完整，确实有效。所谓的"一对一帮扶措施"是青羊区教育局自 2002 年以来就开始实行的一个青年教师培养策略，经过几年的实施又不断有了新的改进。此次对新上岗教师实行的"学科带头人、学校新上岗教师结对子"具体措施如下：由教育局牵头，整合全区的优势教师人力资源，对新教师进行跨校际的一对一帮扶活动，每一名新任老师指派一名优秀老教师负责，双方签订"目标责任书"，开展为期三年的培养计划，对每年应达到的目标与应完成的任务做量化规定，定期考核完成情况，对考核不合格的新教师实行再培训，培训最终不合格的实行淘汰。

案例

浣花小学的新教师熊雯老师到岗后第一件事就是认识了自己的指导老师陶永瑛老师，陶老师给她开列了一些本学科的教学理论书籍，讲授了备课、上课、开展班主任工作的基本注意事项以及许多教学经验。在熊雯老师上岗之初，陶老师的指导给了她很大的帮助，每当在实际教学工作中有什么困惑时，她总能从陶老师那里得到最及时的指导。在指导老师的启发下，她开始模仿老师的教学方法，自己的教学水平获得了提高。但是，新的问题又出现在他面前：有时候一些在指导老师那里很有效的方法，自己使用起来似乎并不见效果。熊雯老师又开始与陶老师探讨更有效的方法，在不断的教学实践中，她终于认识到，要想得到好的教学效果，必须根据自己的特点来寻找适合自己的教学方法。在与陶老师的交流中，在实践与反思中，熊雯老师的教学水平和理论素养得到了进一步的发展。

第四步：后续培训。

在以后的 2～3 年内，区教师学习与资源中心根据人才管理服务中心制定的《青羊区教师素质认证标准》，有目的、有计划地组织新教师进行集中培训，指导新教师所任职学校开展校本培训，使新教师明确发展方向，缩短成长周期。

第五步：达标考核。

以考促学，以考促提高。教育评估事务所根据人才管理服务中心制定的《青羊区教师素质认证标准》和《青羊区教师素质认证标准考核实施办法》，从第三年开始对每个新教师进行逐一考核。同时，新教师考核成绩的优劣也是对教师学习与资源中心和任职学校培训效果的检验。

（三）积极培训与自主发展——培训内容新调整

传统的新教师上岗培训班往往存在一些不足，比如培训的内容过度理论化，脱离实际，对新教师的顺利上岗起不到很好的促进作用，以往的培训后，也经常有教师反映培训过于形式化，似乎没有什么实际意义。针对这些问题，2006 年的青羊区在新教师上岗培训班进行了改革，对培训内容和形式都做了很大调整。如 2006 年的新教师培训，青羊区是这样安排的。

1. 激发教师工作热情，促成教师自主发展

改革后的新教师上岗培训首先转变了以往纯粹灌输式的培训方式，

而是把激发青年教师工作热情与积极性放在首位，切实转变对教师发展的目标取向和方式，把教师的发展需要置于更广阔的背景下，真正有效地促成教师的自主发展，满足不同层面的教师各具特色的个性发展需求。在培训的开班仪式上，青羊区教育局副局长张化冰代表教育局对这批新加入我区教育战线的新教师表示热烈的欢迎，并为新教师们上了精彩的第一课，作了名为《如何做一名合格的青羊教育人》的精彩专题讲座，给新教师介绍了青羊区的蓬勃发展情况和"十一五"规划目标，并对新教师提出了具体的要求，并殷切希望新教师们不断养成良好过硬的职业道德，爱岗敬业，不断提高自己的专业素养，以当教师为荣，把满腔热情投入到教育工作中去。

把教育局长的讲话作为新教师上岗培训的第一课，给新教师们展示出青羊教育的发展现状与美好前景，激发起新教师作为青羊教育一员的荣誉感以及对未来工作的高昂热情，促成他们自我发展的意识与积极性。

2. 培训内容的全面改革

针对新教师面临的实际情况，立足当前新课程、新教材的内容和实质，新教师上岗培训对培训内容进行了科学规划和整体设计，设置了"感悟传统文化，积淀人生智慧"、"国内外最新教育科研动态"、"新教师面临的问题与对策"、"新课程标准的研习"、"教学基本技能训练"等一系列具有创新性和针对性的培训内容，力求体现出"新理念、新课程、新技术"。

在这五个专题的讲授中，主讲老师都做了精心的准备。讲授传统文化的钟亮老师从古代典籍与诗文中有针对性地精选出一批名言警句，以富有哲理、文采优美的诗文向新教师讲述人生智慧，既让新教师学会如何立身、行事，又让老师们感受到中华经典文化的博大精深。青羊区教师学习与资源中心的张勇老师则深入浅出地向新老师们介绍了国内外教育发展的最新进展，现代教育发展的整体趋势、价值取向，这种趋势对教师素质的要求，以及我国基础教育课程改革的基本情况，在课改的新形势下对教师的新要求，张勇老师对新教师们指出，"有眼界才有境界、有思路才有出路、有作为才有地位、有实力才有魅力"。这两个专题讲座从教师的个人修养和基本素质出发，而"新教师面临的问题与对策"、"新课程标准的研习"、"教学基本技能训练"这三个专题讲座则从新教师的实际教学技能技法出发，给予了新教师们大量的实际经验。

3. 多种培训方式相结合

此次培训的形式灵活多样，主要采取集中授课与分班、分科讨论相结合的形式。既有专题讲授，也有参与式互动讨论等受老师们喜爱的形式，这些不同形式的培训均收到了良好效果。在专题讲座以后，由一线优秀老师和教研员指导，让新教师们分班、分学科系统地自学新课程理念和课堂教学基本技能，主要是与教育专家和优秀老师一起深入探讨教学实例，让新教师们提出自己的困惑与最迫切想了解的问题，老师们则耐心解答新教师们提出的他们所面临的各种问题，并给出了很多良策。同时，新教师也纷纷在讨论课上发言，阐述自己对课堂教学的重要环节的认识，各抒己见，互相提高。这种讲授与参与式讨论相结合的学习方式取得了很好的教学效果。

（四）素质拓展——培训新开创

户外拓展培训，起源于二战期间的英国，当时大西洋商务船队屡遭德国潜艇的袭击，许多缺乏经验的年轻海员葬身海底，人们从生还者身上发现，他们并不一定都是体能最好的人，但却都是求生意志最顽强的人。针对这种情况，英国人创办了"阿伯德威海上学校"，训练海员在海上的生存能力和遇难后的生存技巧，使他们的身体和意志都得到锻炼。战争结束后，拓展培训以独特的创意和训练方式逐渐被推广开来，风靡世界 50 多年。拓展培训的目标也由单纯的体能、生存训练扩展到心理训练、潜能训练和管理技巧培训等。这种训练方式也越来越多地运用到企业职员的培训中，并取得了许多成功经验。

在 2006 年，这种特殊而新颖的培训方式还极少应用于教育系统。

青羊教育一直是改革与创新的先行者，这次亦是如此，大胆地把这种方式引用到新任教师的培训中来。进一步丰富完善教师岗前培训体系，开创性地通过野外拓展训练的方式，实现对岗前教师创新学习意识、团队协调能力、敬业精神以及心理调节和承受能力等各项能力的充分锻炼，全面提升教师心理素质，为新教师尽快实现角色转变提供心理和行为支持。户外拓展培训的成功开展证明，这种培训方式对新任教师的培养是有极大的推动作用的。

户外拓展训练的主题是"励志磨炼，激情上岗，苦乐共享"，整个训练设置是全体队员通过对一系列艰难过程的体验，齐心协力，充分运用集体智慧，勇敢面对挑战，顽强拼搏才能最终完成任务，每一个环节都是对团队智慧和勇气的考验。新教师们平均分为五个团队，在培训伙伴——飞扬拓展的技术支持下，展开了两天紧张的训练。训练的项目包括：空中单杠、断桥、信任背摔、天梯、电网、雷区、岩洞探宝、毕业墙。虽然辛苦，新教师们在活动中都得到了极大的锻炼，收获了许多心得，培训取得极佳的效果。这种效果集中体现在以下两个方面：

首先是对新任教师个人情感与意志力的锻炼，新教师的心理素质得到极大提高，个人潜能得到激发。要成为一个优秀的教师，必须要具备良好的心理素质。首先，他应该是一个充满自信心的人，因为自信心是催人奋进的力量，是事业成功的重要保证。特级教师于漪就曾说："风暴总是伴随着失败与成功。教学中要争做强者，就必须锻炼不屈不挠的意志，培养不达提高教学质量的目的誓不罢休的精神。"户外拓展培训强调体验式学习，利用户外特殊的场地和崇山峻岭等自然环境，配合各种精心设计的团队游戏，同时将一些探险性户外活动，如攀岩、泛舟、登山、露营等简化成安全可操作的活动课程带入培训当中，令参与者通过形式多样、生动有趣、充满挑战的户外体验项目，确立信心，发掘自我潜能，激发出不屈不挠的坚强意志与克服困难战胜自我的精神。

与此同时，许多活动从不同角度提示新教师：克服困难需要创新意识。在新课程改革的背景下，培养学生的创新意识离不开教师自身的创造力。对于新教师而言，无论是学习已有经验，还是解决教学中的实际问题，都必须发挥自身的创造性，敢于创新，敢于尝试，敢于犯错。在雷区一关中，当前方山穷水尽之时，第一个想到跳进沼泽的人是敢于创新的勇者，虽然失败，其勇可嘉；第二个再次跳入沼泽的人是善于反思的智者，正是他的不惧失败使大家走出了沼泽的困境。在教育教学实际中，我们需要的正是这样大胆尝试，不惧失败的开拓创新者。

其次，通过户外拓展训练，新教师的团队精神被建立起来。以往对新教师的培养往往把重点单纯地放在对教师个人素质的培养上，而忽略了教师团队的建设，目前也存在中小学教师团队精神缺失的问题。实际上，教师团队有着极其重要的作用，是新教师专业成长的助推剂。教师团队作为教师互动交流的平台，是新教师素质得以迅速提升的主导情境主要动力，是新教师走向成功的重要条件。因此，优化新教师专业成长的集体环境，强化教师的团队精神建设，这对于新教师的专业成长具有非常重要的现实意义。新时期的教师培养，不能忽略教师团队精神的建构，而要加强教育，增强团队意识，户外拓展训练是一种很好的选择。

拓展培训中的各个项目都让新教师们有诸多领悟，天梯让队员们领略到无限风光在险峰，但要看到好风景需要其他人的帮助，没有一件事情是孤立能够完成的；电网让队员们明确了自己在团队中的角色与定位的重要性，统筹分工的重要性，以及领导与服从的意义；雷区与探宝使他们认识到思维拓展的必要，这些都让新教师们受益匪浅。拓展培训进行过程中，队员们会为每一个即将挑战自我的队友加油鼓劲，从团队中汲取的勇气更加弥足可贵。团队精神，以及许多新教师借此机会建立的友情，有利于以后工作中的沟通与交流，呈现出"青羊一家"的温馨面貌，真正形成了一个团结进取的青羊教师团队。（拓展培训在第五章第三节有详述。）

新教师的培养是一项长期而又艰苦的工作，任重而道远，只有实现教师自身的主动学习，主动发展，不断更新理念，拓宽渠道，创新培训模式，综合素质培训的目标才会实现。要建立起一支具有良好政治素质和业务素质的教师队伍，不仅在认识上要不断提高，而且在建设过程中要有具体措施加以落实，在实践中不断地开辟新途径、新方法。

第二节　骨干教师培训：三结合一发展

　　教师的素质，决定着教育的质量。青年教师是教育发展的希望，让青年教师得到成功的发展就等于抢占了未来教育的先机。为了培养一支理论水平高、业务精湛、综合素质好、适应未来发展的教师队伍，长期以来，在如何培养骨干教师的问题上我们进行了深入、系统、持久的研究和探索。

　　随着20世纪末教育改革的蓬勃发展，教师学历的普遍提高，骨干教师的培训又面临新的挑战。我们应该培养什么样的骨干教师？如何在过去培训的基础上，有一个实质性的突破？这一直是我们不断思考和研究的问题。教育改革需要教师转变观念，改革传统教育方法；教育改革呼唤视野开阔、综合素质高、勇于创新的研究型教师甚至专家型的教师。那么，我们的培训，不能再囿于教学的基本知识和技能上，还应该提高教师的理论水平，提升增加教师文化素养，提高教师的专业化水平和研究能力。

　　"以会代训"的教师学习方式，在当前教师专业化发展的新形势下已经显露出了不适应。教师被动学习，听罢则罢，效率不高的学习状况不能再继续维持下去了，如何利用有限的学习、培训时空，真正启动教师自身的"马达"，使他们终身受益呢？激发教师自我发展的内需，应该是当前确定教师研培的重要内容。因此，我们开始了"构建现代中小学骨干教师继续教育模式"的课题研究，开办了三届"青年骨干教师研修班"。第一届研修班是1999年5月~2002年5月，人数为104

人；第二届研修班是 2002 年 5 月 ~2004 年 5 月，人数猛增至为 198 人；第三届研修班是 2006 年 12 月 ~2008 年 12 月，人数为 233 人。经过近十年的努力，被教师们称作"黄埔军校"的研修班先后培养了区级以上正式命名的骨干教师 372294 名，其余教师均成为校级骨干教师。

其中已有近 15% 的教师走上了学校领导干部的岗位，有近 20% 教师已成为市区学科带头人，近 30% 的教师成为了中小学高级教师，特级教师 1 名。

经过摸索，青羊区初步构建了骨干教师"三结合一发展"培训模式，即研究和培训相结合，专业学习和综合学习相结合，导师辅导和自主学习相结合，促进教师自我发展，使青羊区骨干教师培训独具特色。

（一）研究与培训相结合

研究问题能力的提高，不仅是教师专业化的要求，也是教师自我发展的关键。为了使教师尽快实现由"合格教师"或"成熟教师"向"研究型教师"的转型，由研究的"消费者"变为研究的"参与者"，我们开展了研究性培训。

1. 借助科研"查新"方法，使学员学会学习。

我们首先向学员传播查新方法，让学员用查新的方法进行理论学习，学员们可以广泛了解某一学科或某一专题研究状况，得到前沿研究信息，多方面汲取各种研究营养。学员们在责任导师指导下，查阅了近三年的教育书报杂志，查阅教育网站，并通过调查、访问、会议了解相关教育信息。在每位学员对"查新"有了感性认识后，我们前后组织了 15 位各学科学员在大会上交流自己的查新体会。

大会交流后，各学科责任导师又给学员提供了机会，让他们在全区学科教研活动中给全体学科教师谈查新体会。通过他们，把研修班学员的研究思路、研究方法带给全区各学科老师。通过查新，促进了学员对以下几方面问题的思考：学科教学现状与发展分析，学科教改的思考，对新课标的认识，学科教育思想认识的转变，对教学行为的反思等。通过查新，学员开阔了视野，深入了反思，掌握了自学方法。

2. 通过学习教育理论并阅读教育名著，使学员学会反思

通过对一批学员的调查，发现一些教师在已有基础上进一步超越自己、提升自己时感到困难，而究其原因是缺乏理论功底。理论清，方向才明。由于教师发挥作用的主要阵地在课堂，四川师范大学的两位教师应邀为研修班学员并开设了"教学论"和"课程论"两门课程。

首先，巴登尼玛博士阐述了教学过程的三对矛盾，即师生矛盾，人类文明成果分享与传递的矛盾，时间与效益的矛盾。教师深刻了解了这三对矛盾，在解决矛盾的过程中才会真正理解教师教什么，怎么教；学生学什么，怎么学。

陈元晖硕士则强调现实的课程理论基础是人本主义，以人本主义为理论基础的课程要特别关注学生安全的心理需求。教师只有满足了学生"安全"、"归属和爱"的需求后，学生在课程学习中才会产生自尊，才有人格的独立，才会激发聪明才智和创造力。这是执行现代课程需要理解的理论基础，也是贯彻新课程的教育理念。

成都市教科所王必成主任将《教学论》、《课程论》与课堂教学操作方法相结合，告知学员现代课堂教学的具体步骤和做法，使学员从理论与实际两方面明白怎样用现代课堂教学的基本理论指导教学实践。

美国学者波斯纳认为，教师成长规律是：经验＋反思。因此，为了培养教师批判思维能力，引导他们学会思考，我们又开展了"读教育名著"活动。

首先请四川省教育学院姚文忠教授给大家作报告，对"什么是名著"、"哪些名著主要阐述了什么观点"、"怎样结合教学实际读名著"等问题有了更清醒的认识。学员们在读名著过程中，主动理论联系实际，结合自己教学实际进行反思，用名家先进理念指导自己教学。

有的学员运用加德纳"多元智能"理论改进教学，使自己的教学更加多元化；有的学员用德国奥尔夫体系、匈牙利柯达伊体系、瑞士达尔克罗兹体系指导教学，提高学生的音乐素养；有的学员学习了孔子教育思想后，尝试了学生自我管理的班级管理方法；有的学员用蒙台梭利

教育理论，指导本校实验……

学员们读了教育名著后，感触颇深，写下了共计300多万字的读书心得。一些学员在大会交流了学习心得，引起了其他学员强烈反响；一些学员在校长会上交流了学习经验，引发了校长们学名著热潮，带动了部分学校读名著活动。

《成都教育》杂志对青羊区读教育名著活动十分关注。2003年第6期进行了专题介绍和经验推广，在全市起到了很好的示范作用。

为了进一步深化学员学名著的积极性，青羊区教育局在2003年12月份开展了"青羊区教育系统读名著知识竞赛"活动。研修班的学员们积极研读《陶行知之教育学》、加德纳的《多元智能》、苏霍姆林斯基的《给教师的建议》、杜威的《天才儿童训练》等名著，积极参赛，并取得了竞赛第一名的好成绩。这次读教育名著的活动也引起了社会各界的强烈反响。

3. 直接参与课题，使学员学会研究

我们大力提倡学员直接参与课题研究，向他们传授科研方法，介绍我区"运用多元智能理论加强学校一体化管理"课题的先进经验。几年来，研修班学员结合教学实际，研究了学科教育问题、德育问题、美育问题、家庭社会学校结合问题、网络信息技术与学科教育问题、思维训练问题、学习方式问题、心理健康问题、学习困难学生问题、多元智能问题、创新教育问题、主体教育问题、活动教育问题、遵守社会规则问题、中小学衔接问题和人际交往问题。大部分学员通过查新、反思、做课题，形成了一定的研究思维和研究能力。他们的研究成果以报告、论文形式呈现。

4. 通过新课标教学研讨，使学员学会实践

我们的研究性培训，使学员学会了学，学会了反思，学会了研究，学会了实践。教师在自觉将研究与教学融合的过程中，教师发展的内部动力得到了增强启动。

(二) 专业化学习和综合性学习相结合

教师专业化，是教育改革的必然要求，提高教师专业化水平势在必

行。但教师专业化要求教师必须具备丰厚的文化基础和人文素养，才会得到更长远、更高境界的发展。所以，我们在注重教师专业化水平提高的同时，同样注重了跨学科的综合性学习。

1. 以新课标精神和教育名著理念为支撑进行教学研讨

在一、二届研修班学习期间，我们共开展了三轮新课程教学研讨活动。第一轮研讨课是中学语文《米洛斯的维纳斯》和小学英语《三原色》，这两节课用教学论、课程论作指导，认真分析学生现状，大胆突破传统教学。学员与导师共同研究，共同改进，合理处理教材，开发课程资源，促进学生创新意识和创新能力的发展。学员们普遍认为：这两节课与过去传统课大相径庭，使人耳目一新，呈现了新理念教学的端倪。

第二轮研讨课是中学物理《浮力的运用》和小学英语《Fruit》。这两节课，用新课标为指导，进行了大胆创新。物理课，根据新课标要求，把浮力原理与学生的生活实际经验相结合，深入浅出，联系广泛；师生共同参加实验，学生在亲身体验中学习，不仅极大地增加了学生的学习热情，而且牢固地掌握了知识。在《Fruit》一课中，教师根据一年级学生好运动的特点，大胆引进国外"运动记忆"理念，结合肢体运动帮助学生记忆单词，不仅很好地达到了教学目的，而且极大地调动了每一位学生的学习热情。大家通过对本课的讨论，一致认为：我们的教学，必须有先进的理念作指导，在课堂上让每个孩子动起来，学生才会提高。

第三轮研讨课是中学地理和小学自然课。这两节课是以名家思想作指导，在学生自主学习、创造性学习方面进行了尝试。自然《黑匣探宝》一课，运用陶行知之"教学做合一"教学法，让学生在探索中寻找答案。教师制造了悬念，引导学生用自己的方法去进行探索。在探索中，学生自己发现问题，自己解决问题，在实际体验中体会到了学习的快乐。地理《日本》一课，教师运用卢梭教育理论，给学生充分自由，启发学生的反思性学习，发动学生搜集有关资料进行探究式学习。学生在探究过程中，引发了"在发展国家经济问题上我国可以向日本借鉴什么"的话题，学生各抒己见，充分展示极具个性的见解和看法。这两节课对学员和导师触动都很大，他们都感到：这两节课起点高，立意新，既体现了新课标精神，又针对了基础知识和技能的训练和掌握，在现阶段的课堂教学中有一定的参考性和可操作性。

这三轮课堂教学研究活动，体现了"问题研究—突破—创新"的过程，体现了骨干教师们教育思想业务能力的螺旋式上升过程。

苏霍姆林斯基说："即使是最好的、最精密的教学法，也只有在教师加入了自己的个性，对一般的东西添加了自己的、经过深思熟虑的东西之后，才可能是有效的。"名家的教育理论，他人的成功经验，必须经过自己亲口"咀嚼"，才能转化为自己的"营养"。

学员们用名家思想和前沿研究为指导，以研修班研究课作借鉴，在责任导师的指导下，在区内或更高一级的教学研究活动中上了研讨课，以公开课探讨的内容为基础，引发出更多更深的教学问题。如：针对本区中学理科教师综合知识缺乏，不适应新课标要求的现状，组织学员进行化学与物理，化学与生物的综合课探讨，开展了化学与生活、化学与科技、化学与社会的专题研究。自然学科导师带领学员参与国内、省内、市内研究课，更大范围内探讨小学"自然课"怎样走向"科学课"。一些学员打破了教学习惯，创新了教育方法，形成了自己的教学特点。

2. 以提高专业化水平为目的，增加文化艺术底蕴

综合化，不仅是新课改对教师提出的新要求，也是培养未来人才的国际化要求。鉴于一些学科教师长期囿于本学科，思路不宽的现象，我们在提高教师专业化水平的同时，加强了他们综合素质的培养。

我们不仅打破学科界限线，进行了互听互评活动，而且开设了多种多样培训和丰富多彩的欣赏课、培训课。从普通话培训、英语课堂用语培训、多媒体课件制作培训到网络知识培训；从外聘专家的讲习，到利用学员导师的人才优势，为学员举办影视欣赏、国画欣赏、西画欣赏、摄影欣赏、音乐欣赏、京剧欣赏、健美操欣赏、韵律操欣赏、参与性物

理实验等活动。这些形式的学习活动，既有理性阐述，又有实物展示和亲身参与，生动有趣，深受学员的欢迎。他们写了许多随笔，谈了自己的艺术审美感受。

（三）导师辅导和自主学习相结合

为了挖掘学员的潜力，培养自主学习的氛围，我们实行"大锅菜"与"开小灶"并行的培训方式，即在上大课的基础上，同时进行导师个别辅导。

我们成立了教研员教师培训者组成的导师团，把课程延伸到课堂外，对学员进行"一对一"跟踪培训。导师不仅在学员培训纪律、学员作业方面进行把关，而且对学员理论学习、科研情况、教学情况都有所掌握，并记录在学员手册上。导师不光是学员的管理者，而且是学员学习的引导者；不仅是引导者，而且是学员的倾听者、帮助者和朋友。

导师和学员一起学习，一起听课评课，一起研讨问题，在参与中针对个体因势利导地点拨和给予帮助，为每一位学员搭建"脚手架"。导师还为每一位学员搭建体验平台，让他们在校、区、市各级教研活动中增加实际体验。

学员在导师辅导下，有充分的自主性。在培训会议和上教研活动中学员与导师平等对话，学员敢于提出自己的见解；在读名著和查新过程中，学员根据自己教学问题自由选择书籍阅读；教学实践中，学员保持自己个性，自主研培，自发组织听课评课活动，自发组织小型沙龙研讨会，研究教学问题。

（四）青年骨干教师研修班的辐射作用

由于我们采取了"研究和培训相结合，专业化学习和综合性学习相结合，导师辅导和学员自主学习相结合"的培训方式，学员自我发展能力得到很好地提高，骨干模范带头作用也得到了很好发挥。

研修班学员的读教育名著活动，不仅带动了其他教师读教育名著的热情，同时也带动了校长们读名著活动的开展。一些学校掀起阅读名著，运用先进理念的热潮。例如，新华路小学出现了教师争读教育名著的景象，学校运用多元智能理论发展建设学校；实验小学校长要亲自批阅每位教师的读名著阅读笔记等等。在各校的读名著活动中，研修班学员充当主力，发挥着示范作用。

研修班学员，不仅是全区教师的骨干，而且已成为全区"骨干中的骨干"。他们不仅是各学科中心组的成员，还在中心组起到了很好的带头作用。

如幼儿园的研修班学员，不仅发挥了教学示范作用，还发挥了科研示范作用。成都军区机关第二幼儿园的张桂兰老师，在研修班读名著后，回到园内与全园教师进行交流。她还把卢梭、苏霍姆林斯基的教育理论，带进了本园开展的"培养幼儿遵守社会规则"研究课题中，强调尊重儿童天性，明确目标，使参研人员加深了对教育理论和课题研究的理解。

物理学科的学员，在教研活动中，做到了三个带头：带头读名著，带头上新课标的研讨课，带头搞科研课题。该学科的八个国家级、省级课题，都是由研修班成员承担。

骨干教师，是全区教师的旗帜，我们就是要让全区教师在骨干教师的身上看到自身发展的前景，看到教师专业化发展的方向，看到青羊教育的发展前途。现在，研修班学员，业已成为全区教师的榜样。教师们关注学员们的学习方式、实验教学和教育科研，找差距，想办法，积极寻求自己的发展目标和前进方向。

以课题《构建现代中小学骨干教师继续教育模式》为载体，"骨干教师研修班"在区域教师队伍的建设与发展过程中，切实起到了"拉起一条线，牵动一大片"的良好作用。这项研究课题也在 2004 年被四川省教育厅授予教育科研成果一等奖的荣誉。展望前途，抓好骨干力量仍是今后教师专业化发展的龙头工作，我们也必将沿着这条道路坚定地走下去。

第三节 "名师"培养养成计划

新教师通过入格、合格、升格培训逐步成长为骨干教师，教师的教学技巧和教学方法都可以培训，但是，真正师德高尚，全身心投入教学工作，同时又有具有熟练的教学技巧、丰富的教学经验，成为一方教师楷模的名教师，则不是能够培训出来的，这样的名教师，只能靠给予良好的教育环境，逐步养成。

名师是教师群体中的佼佼者。名师必须师德高尚、学识渊博，深受师生欢迎，尤其要获得广大师生的公认。一个教师要成为名师是很不容易的，必须通过踏踏实实的努力和长期不懈的奋斗，要经历"普通教师—优秀教师—骨干教师—名师"这么漫长的一个过程。青羊区一直在力图打造一批青羊名师，力争以一个良好的环境，促进教师们的自我成长，使其逐渐成为一方名师，带动整个青羊区的教师发展。

（一）名师成长环境的打造

1. 营造良好的学术环境

为建立良好的学术研究氛围，增强名师社会声誉，使名师在良好的环境中发展自己、提高自己、超越自己，青羊区设立了"名师讲坛"，每月定期举办，并开通"青羊名师"网站，设立名师介绍、名师讲坛、名师课堂、精彩重放、观点碰撞、反思跟进、经典案例等栏目，主讲名师和全区教师利用有效时间，参与论坛，通过互动，达到双赢目标。

学术自由是学术成功的经验之一，所以，各中小学校领导者在将学校创建成"学习化组织"的同时，还要充分尊重优秀、骨干教师选择教学方法和教学手段的自主权，减少不必要的限制和规定；要支持他们的教改实验，对教改探索过程中的失误多些宽容，并鼓励通过继续探索来弥补失误；要允许他们在教育教学研究中有个人见解，在课堂教学中有不同的教学风格，对学术问题可以畅所欲言，各抒己见。另外，各地教研室教师学习与资源中心和各中小学校还要尽力多开展一些教研活动，建立教育科研小组，每年组织一次教学论文评比，由优秀、骨干教师担任评委，让他们受到赢得尊重，扩大影响，以便今后在教育科研方面起带头作用。

2. 营造良好的工作环境

让优秀、骨干教师具有归属感和认同感，这样有利于发挥他们的作用。青羊区教育局将31名特级教师和372名区市学科带头人、区市教育专家、市优秀青年教师组织起来分别成立了"特级教师工作室"和"名师发展学校"，充分依靠特级教师、名优教师开展教师教育工作，实现了特级教师、名优教师与普通教师的联动培养的突破。

因此，各中小学校要建立"名师工作室"，通过注重人文关怀为优秀、骨干教师创造良好的工作环境，使他们加速成长为名师。

3. 营造良好的心理环境

据有关部门问卷调查统计表明，有相当一部分教师（包括优秀、骨干教师）存在不同程度和不同类型的心理问题。因此，各中小学校要重视对这些优秀、骨干教师的心理健康教育，如通过打造民主平等、开放和谐的校园文化，创设心理健康教育的良好环境；请知名专家对优秀、骨干教师进行心理健康培训，以优化心理素质；定期或不定期地举行教师心理健康研讨会、交流会和讨论会，以达到交心、谈心、关心、心灵沟通的效果；在优秀、骨干教师中开展一些消除烦恼和减轻压力的文娱活动等。

4. 营造良好的政策环境

据了解，有的中小学校由于受年度考核必须连续优秀而优秀名额又极为有限的条件制约，相当数量的优秀、骨干教师难以评上特级教师获得更高层次的荣誉，严重挫伤了他们工作的积极性。为此，各中小学校领导者要及时向有关部门反映情况，争取政策上的支持，以便营造良好的政策环境，使这些优秀、骨干教师从中受益。例如，可以在一年一度的考核评优以及专业技术职称晋升时，在政策上对优秀、骨干教师进行适当倾斜，条件允许的情况下还可以破格或破例对待，从而避免由于一些政策因素而影响优秀、骨干教师成为名师的可能。

（二）搭建骨干教师向名师过渡之桥

1. 组建优秀、骨干教师梯队

通过考试、考核评价、推荐、自荐等多种方式选拔一批素质高的教师，组建优秀、骨干教师梯队。优秀、骨干教师是整个教师队伍的中坚力量，是课程改革和教育教学改革的先锋，他们的数量和质量直接关系到素质教育推进的速度，决定着本校教育教学的总体水平。今天是优秀、骨干教师，明天就有可能成为名师。所以，组建优秀、骨干教师梯队是培养名师的前提性措施。

2. 建立健全有利于优秀、骨干教师成为名师的一系列制度

这些制度主要有：优秀、骨干教师培养选拔制度，优秀、骨干教师与名师结对子制度，以及"以校为本"的优秀、骨干教师的教育教学研究制度，进修学习制度，工作考核评价制度，教研成果推广制度，著书立言说奖励制度，资金投入制度，等等。另外，还应该对优秀、骨干教师提出一些具体要求，例如，每学期读一本教育专著，写一篇教育教学论文或教学经验总结，听一场以上教育理论讲座，开一堂研究型公开课，等等。

另外，尽力做好优秀、骨干教师的培养工作。以各地的教研室教师学习与资源中心为依托，以教育学院（进修学校）教师所在学校为基地，以教研活动为重点，做好优秀、骨干教师的培养工作，使更多的优秀、骨干教师早日成为名师。这些培养工作主要包括有：

（1）建立导师制度。尽可能聘请一些专家教授担任优秀、骨干教师的导师，以便加速优秀、骨干教师的成长。

（2）加强对优秀、骨干教师的师德教育，培养他们良好的个性品质，引导他们树立正确的世界观、人生观和价值观。要成为名师，就必

须从事创新性的教育教学活动，而从事这类活动不可能一帆风顺，没有良好的个性品质，难以胜任创新性的教育教学活动并最终战胜逆境取得成功。

（3）每年邀请若干全国或省级名师来青羊本地区讲学、上示范课，让优秀、骨干教师从中学习名师的教育思想和教育策略。

（4）各地教研室的教研员、教师学习与资源中心的教师培训者每学期必须下校听课评课，以及组织公开课和观摩课，并与优秀、骨干教师一起研究教学中的有关问题。

（5）每年举办多层次的赛课教活动，定期开展名师课堂教学示范活动，为优秀、骨干教师提供展示才华和锤炼驾驭教学能力的舞台，促使他们脱颖而出。

（6）定期开展名师课堂教学示范活动，采取先公布课题，让学科教师充分磨课，再进行名师课堂教学示范，教师观课、议课、专家点评，最后再把录像挂在网上，所有教师参与网上讨论的办法，环环相扣，讲求实效。要求优秀、骨干教师撰写论文。为此，各地教研室教师学习与资源中心每月出 1~2 期《教研通讯》，每年进行一次论文评选，每两年要汇编一次他们的论文，每月出 1~2 期《教研通讯》，反映他们的教育教学和科研情况。

（7）强化优秀、骨干教师的培训及组织外出参观和考察。结合各地和各中小学校的实际情况，要求优秀、骨干教师能根据自己的学科组织校际间或学校内的教研活动，这些教研活动主要包括上公开示范课、写作业批改记录、组织课外兴趣小组活动、搞教改实验，等等。

（8）加强优秀、骨干教师之间的交流与合作，举办优秀、骨干教师工作汇报活动以及教育教学思想研讨会。教育教学创新的思想火花，常常产生于教师之间的交流与合作之中。因此，应该引导优秀、骨干教师树立正确的世界观、人生观和价值观，处理好个体和群体的关系，依靠群体的智慧和团队的力量，走互相学习、互相帮助、共同进步、共同成才之路。

总之，做好上述一系列优秀、骨干教师的培养工作，就可以极大地调动他们钻研业务的积极性，并使之走上名师之路。

（三）名师评选奖励制度

具有竞争性的比赛和实质性的奖励往往能够推动和激励教师的发展，青羊区开展了"青羊名师"评选活动，鼓励各个学校推出本校最优秀的教师参与评选来争取这个荣誉。要求参与评选的老师，需要具有区学科带头人及以上称号，且履行学科带头人职责。热爱社会主义祖国，坚持党的基本原则，模范履行中小学教师职业道德规范，师德高尚，堪为师表。教育理论坚实，教育思想端正，学科知识扎实，教育经验丰富，教学方法科学、独特，教育教学成绩突出。在市区具有较高的知名度和美誉度，得到学生家长及同行的广泛认同。在全面实施素质教育和课程改革的过程中，勇于探索，积极实践，近三年承担过区级两次以上、市级一次以上的研究课、公开课，或经验介绍、专题讲座。具有较强的教育科研能力和指导教育教学能力。对当选"青羊名师"的教师进行公开表彰和物质奖鼓励。

（四）完善名师的管理工作

实施名师的培养工作，是指实施将优秀、骨干教师培养成为名师的工作。完善名师的管理工作，是指完善对已经是名师的教师的管理工作。完善名师的管理工作主要包括以下几个方面：

1. 调整校际名师比例。

培养名师的最终目的不是将这些名师当成"花瓶"，而是为了提高整个教师队伍的素质。因此，我们不仅要给予名师相应的物质待遇，更要注重充分发挥名师的示范和指导作用，有意识地调整校际名师比例，尤其要关注薄弱学校和边远学校名师队伍的建设，让每一所学校都有名师，使每个教师都有机会经常接受名师的示范和指导，从而提高所有教师的素质。

2. 引入竞争机制，实行名师动态管理。

当今社会是一个竞争的社会，是一个新人辈出的社会。如果一个名师不努力，他就有可能落伍；如果一个普通教师努力，他就有可能成为名师。所以，各地教研室等有关部门要教育局和教师学习与资源中心定期对名师和新近表现突出的普通教师进行考核评价，对落伍的名师要将其"请"出名师队伍，并取消相应的物质待遇；对新近表现突出的普通教师若符合名师条件，就要吸纳到名师队伍中来，并给予相应的物质待遇。唯有引入竞争机制，实行名师动态管理，废除名师身份和待遇的终身制，才能够激发包括名师在内的所有教师奋发向上的积极性。

3. 在管理上给名师松绑。

具体说就是要适当减轻名师的教学工作量，让名师有更多的时间从事指导性的教育教学工作或进行教育教学科研，这对于使更多的普通教师成长为优秀、骨干教师甚至名师具有关键性的作用。

第四节　现代教育技术利用和推广

现代教育技术，是深化教育改革、全面推进素质教育的制高点，也是实现教育现代化的重要保证。青羊区加大学校现代教育技术投入，加快学校教育现代化、信息化步伐。全区所有学校均建成网络机房，并建立起教育城域网，把全区学校以光纤形式联系在一起，达到资源共享、信息交流的目的。同时又大力发展教师远程培训，以区教师学习与资源中心为实施主体，建立教师远程培训网络体系。以远程培训网站平台为载体，以实时交互教学系统为主要手段，采用交互实时授课、网上答疑辅导、自学支持服务、社会实践及论文指导四种方式对教师实施学历与非学历培训。

一、现代教育技术的推广

青羊区教育局确立起现代教育技术发展规划。整体规划必须突出重点，而又统筹兼顾，坚持"培训在先、建网建库同行、重在应用"的原则，不能顾此失彼。

在本区各个学校建立起校园网，在建成网的同时，组织各学科骨干教师，采用多种途径，建成教学管理资源库。硬件建设要考虑可持续发展的要求，既满足学校现实教育教学管理的要求，又满足学校长远发展的需要。硬件建设既要根据学校的经济实力，节约每一分钱，又要考虑可扩展性。已成熟的技术手段大胆使用，但不追求"大而全"与"超前"。校园网建设要整体考虑，分步实施。

坚持按照"成熟、规范、安全、便捷"的原则全面规划校园网软件和资源库建设。所使用的软件首先应考虑两个因素：实用性和成熟性。整体规划中应把安全性放在首位。所选用的系统、应用平台、课件应考虑可操作性。以"科学全面、严密组织、分层要求"的原则组织好教师的信息技术培训工作。坚持培训重于建设的思想，通过培训培养教师现代教育观念和现代教育技术使用素养运用能力。

实施教师现代教育技术培训计划。用两年的时间，重点使全区教师重点是 45 岁以下的教师都能熟练地掌握计算机、网络技术。建立一支具有数字化头脑的教师队伍，用 1～3 年的时间初步建成网上教育资源库，初步实现网络教育资源共享，推广课堂交互式教学，提高课堂教学的创新效益。积极推广运用已经审定的中央、省级电教教材。用 2～3 年的时间完成学校教育管理软件的开发工作，完成学校信息网络建设，实现办公无纸化、备课电子化、管理自动化，推进信息技术与学科课程的整合，加快计算机教育软件成果的商品化、产业化的进程。积极推广运用已经审定的中央、省级教学管理软件。用 2～3 年的时间完成学校硬件建设，在现有基础上，加大现代教育技术手段的投入力度，实现"三网合一"，建设数字化校园。学校现有现代教育技术设备如网络教室、多媒体教室、语音教室、电子监控系统、语音广播系统、大型文娱活动舞台音响系统等，学校计划在此基础上，全面改造升级学校现代教育技术装备，建设高标准的"三网合一"。实现教育信息管理电子化、无纸化。建设好学校校园网络平台，实现全校的教学、科研、财务、设备及学生等的统一电子化管理。开发和利用电子邮件、公告管理、BBS管理、校长信箱等功能，改变传统的教育管理模式，提高管理效率。实现电子化管理后，教师通过公告系统可以学习学校文件，了解学校的重要活动，实现校务公开。

二、远程培训

为了推动区域中小幼教师专业的进一步发展，缓解教师培训与工作的矛盾，打破培训的时空界线，青羊区开始探索教师远程教育策略。

教师远程培训是采用现代远程教育技术，以区教师学习与资源中心为实施主体，依托建立的教师远程培训网络体系，以远程培训网站平台为载体，以实时交互教学系统为主要手段，采用交互实时授课、网上答疑辅导、自学支持服务、社会实践及论文指导四种方式对教师实施学历与非学历培训。

教师远程培训的实施模式主要是利用现代远程教育手段开展教师远程培训，具体有以下几种方式：

（一）远程授课

聘请具有丰富教学经验的教师参与教学，通过省级培训中心的主课堂和各地教师远程学习（资源）中心的分课堂实施远程实时交互授课，一个主课堂可以和多个分课堂实施同步教学，主课堂教师的图像、声音、教学内容通过卫星 IP 数据广播实现高清晰度的传输，并利用互联网把分课堂学员的图像、声音回传到主课堂，教师可以通过观察分课堂的情况及时调整自己教学的内容、方式和方法，学员可以向教师提问，实现教师和学员之间以及多个分课堂学员之间的双向互动。课后把教学录像挂在网上，让没有时间参与学习的教师及时补学，以保证让每一位教师都能收看到专家高质量的讲课程。

（二）自学支持服务

自学是教师学习过程中的重要学习方式，可以通过以下几种方式为教师提供自学支持服务：

1. 网络课程——组织专家队伍开发优质网络课程资源,网络课程的表现形式非常丰富,有文字、视频、声频、图像、动画等多种呈现方式,学习内容生动、形象,富有趣味性,适合学员自学。教师可以自由安排学习时间,进入中心的学习网站自主学习。

2. 网络资源——由有关专家收集、整理和选择与课程学习内容相关的学习资源和学习网站,对各种网络资源进行优化与整合,突出新理念、新课程、新技术和师德教育的特点,并及时更新内容,教师可以根据自己的实际需求自主选择需要的资源进行学习,并能很方便地进入链接的相关学习网站进行选择性学习。

3. 光盘资源——把网络课程、教学授课录像、学习资源等制作成光盘,光盘采用声频、视频、图像、动画等多媒体方式,便于充分发挥光盘容量大、易播放的优点,没有上网条件的教师在家可以很方便、快捷地进行自学。

4. 辅导教材——根据相关教材,组织专家编写辅导教材、练习试题、参考资料等,可以制作成传统文本教材,也可以挂在网站或制作成光盘让教师自学。

（三）网上辅导、答疑

1. 答疑教室

利用开发的远程交互授课系统,定时安排辅导教师值班,通过网络定期组织教师学员集中进入答疑教室在开展学习讨论,学员教师可以通过视频向授课教师提问,也可以通过视频和其他学员进行交流,非常逼真地摹拟现实的交流环境。

2. 答疑留言板

通过专门的学员答疑系统,学员通过答疑留言板的方式向教师提问,系统把问题提交给相关的教师,教师的回答后以论坛记录的方式呈现,学员教师通过上网察看论坛问题记录来了解相关的问题及答案。

3. 答疑信箱

学员通过答疑信箱向授课教老师提问,也可以提交作业,教师通过网络对作业进行修改，并把结果反馈给教师，对教师的学习过程进行监督和评价。通过网上的交流、辅导、答疑的形式，便于教师深入理解学习内容，掌握学习的重点和难点，大大提高了辅导的效率和效果。

（四）社会实践及论文指导

对需要实践练习的专业，如物理、化学、生物等相关的实验课程，可以通过发放实验包或网络虚拟实验室来完成，其他的社会实践则由当地教师远程学习（资源）中心根据实际情况组织实施。学员的毕业论文可由导师通过网络指导，教师广泛利用网络资源，收集和整理相关论文资料，指导教师撰写毕业论文最终完成。

第五章

➡教师教育特色推进

　　什么是高质量的教师？怎样培养高质量的教师？谁能胜任 21 世纪的教育？教师职业从经验化、随意化到专业化，经历了一个发展的过程。高质量的教师不仅是有知识、有学问的人，而且是有道德、有理想、有专业追求的人；不仅是高起点的人，而且是善于终身学习、不断更新自我的人；不仅是学科的专家，而且是教育的专家，具有不可替代性。

　　这种变化促使人们以新的姿态和视角重新审视教师教育实践，开始在"改革与创新"的话语脉络中重新思考：如何在继承与创新之间，从技能培训到综合素养的融合提升，促进教师内涵发展和提升教师职业幸福感，从而走出一条教师综合素质培训的特色之路。

第一节　渗透全程，修炼师德

　　青羊区坚持以人为本的科学发展观，把教师教育作为深化区域教育改革的拓展点和教师专业素质发展点，促使区域教师教育步入持续、内涵式发展轨道。为此，青羊教师教育进行了探索性研究，以新课程理念为支柱，以综合素质培训为载体，初步形成区域教师教育的特色链条：铸炼师德，培养合格的青羊教育人；学习经典，培养有文化底蕴的青羊教育人；参与体验，培养有实践能力和创新能力的教育者；心理关爱，均衡发展，成就教师幸福人生。

一、为什么把师德教育放在首位

　　教育部师范教育司组织编写的《教师专业化理论与实践》提出教师专业素质包括：专业知识、专业能力和专业态度。这三者互为因果、相辅相成。其中专业态度就是师德，它是为师之魂，是专业知识和专业能力发展的动力之源。

　　时代不断进步，教育不断发展，师德建设的内涵在不断发展变化，师德教育的形式也绝不能与空洞乏味之间画上等号。那么，如何重建有魅力的师德教育，如何立足实际建立和完善师德建设的各项长期保障机制，探索师德建设的新途径、新方法呢？

　　教师是教育事业的根本，师德是教师整体素质的核心和基础。学高为师，德高为范，师德是教师的灵魂，师德建设是教师教育的灵魂和主要课题。因为教师是一个非常特殊的职业，教师的劳动产品是人，灵魂要靠灵魂来塑造，人格要靠人格来培养。高尚而富有魅力的师德就是一部活的教科书，是最优质最有效塑造学生人格的教育资源，往往决定学生一生的发展方向和发展水平。因此，教学者必先学为人师，育人者必先行为示范。相对其他职业而言，对教师职业道德的要求，就是要高于普通、先于一般、优于其他。师德是规范教师从教行为的基本标准，师德是一种学校教育的重要资源，师德是社会道德水准的重要标志，师德是教育行业维持声誉、取信于公众的前提条件。所以，强调把师德建设放在首位既是对传统教育思想的继承和发扬，又是时代精神的体现。

（一）教育的发展呼唤德高之师

随着社会的进步、经济的发展，人民群众对教育的需求越来越大，对优质教育的需求也越来越高。青羊区实施素质教育的高位追求急切呼唤加强师德建设，教师职业道德建设是全面推进素质教育的重要环节，是办好让人民满意的教育的必由之路。加强师德建设，规范教育行为，才能打造教育诚信品质，办人民满意的教育。

1. 加强师德建设，是教育适应新时代实施素质教育的关键

贯彻落实党的教育方针，全面实施素质教育，不仅需要教师转变教育思想和观念，提高现代教育技能，更重要的是教师应拥有优良的师德。教师本人就是学校里最重要的师表，是最直观的模范，是学生活生生的榜样。有了过硬的师德作为基础，教师才有责任感和使命感，才会孜孜不倦地提高自己，随时补充自己的知识储备，实现从"教书匠"向专家型、学者型教师的跨越，永葆青春和活力。这样的教师是全面推进素质教育最重要的力量。因此，推进素质教育的过程与加强师德建设的过程是一致的，是相互依存和相互促进的。我们必须要站在"培养什么人、如何培养人"的高度，站在落实科学的发展观，实施科教兴国、人才强国战略的高度，进一步加强师德建设。

2. 加强师德建设，是构建和谐校园实现教育和谐的内在需求

在全面构建和谐社会的新形势下，如何构建和谐教育，营造和谐校园呢？师德师风建设是根本的答案。业不精为师是大忌，德不高为师是大害。和谐校园的营造把以师生关系为主的学校人际关系的和谐，视为教育的前提条件，它所追求的目标是形成"民主平等，尊师爱生，情感交融，协力合作"的新型师生关系，在氛围熏陶中促进学生和谐健

康地成长。

（二）教育内涵发展对重塑教师形象的迫切需要

教育的内涵发展、教育教学质量的提高主要取决于教师的思想政治素质和业务素质。发展高质量的基础教育必须具备一支具有良好师德和优秀敬业精神的教师队伍。高素质的教师可以弥补办学条件的不足，相反，即使有了现代化的办学条件，但如果忽视了教师在发展教育事业中的主体作用，也不可能办出质量较高的学校教育。所以，建设高素质的教师队伍，必须把师德建设摆在更加突出的位置，这是提高教育教学质量的核心问题。

我们也看到，在市场经济大潮的冲击下，师德建设面临着严峻的挑战。一些消极腐败的东西在侵蚀着我们的校园，腐蚀着我们的教师队伍，致使教师职业道德建设中出现了一些不容忽视和亟待解决的问题。

对青羊区师德师风情况，通过目标考核和师德测评进行调查分析，发现存在如下几个主要问题：

1. 教师的师德观念跟不上时代发展的需要。

一是缺乏先进的教育理念。缺失了先进的教育理念，就是缺失了对教育的理想和追求，缺失了对工作的热情和激情，从而也就缺失了工作的创造性。二是教师缺乏对学生的人文关怀，忽视了学生作为生命本体的存在。三是教育行为的科学性和规范性还待加强，教师缺少，严谨自律的治学态度和科学精神，敬业、勤业和精业的精神不强。四是依法执教意识淡薄。有的教师不认真学习相关的法律、法规和职业道德要求，不尊重学生的人格、人权，恶语伤害学生，甚至变相体罚学生。

由于上述种种的缺失，我们的教育让一些孩子失去了对美好人生的追求，失去了梦想和激情，变得现实、麻木；失去了积极的生活态度，变得冷酷甚至违法违纪；失去了学习的动力和毅力，厌学、逃学现象司空见惯。许多非常聪明的孩子，由于种种小毛病，被老师扇了一巴掌，踢了一脚，罚了一次站，就再不愿上学了，这一掌、一脚、一次罚站，成了他们学习的转折点，也成了他们人生的转折点。

2. 青年教师的师德修养和敬业精神亟待提高。

近年来，青羊区教师的"新陈代谢"较为频繁，每年大量地公招新教师和引进外地骨干教师，新增教师人数为 200 名左右。新教师队伍确实存在一个师德的"断层"现象：事业心淡薄，奉献精神不强；缺乏职业热情和敬业爱岗精神等。如何注重对青年教师的培养，帮助他们树立起正确的人生观、价值观、道德观，帮助他们解决生活中和工作中的各种困难，坚定为教育做贡献的信心，是新教师教育亟待解决的问题。

3. 教师师德发展与学历层次的错位。

教师自身对学历和学位的追求和师德提升的追求不平衡。一部分教师的职业道德尚处在开发时期或他律阶段，自律意识还待唤醒。也正是由于在缺乏自省的前提下，一些教师常常忽视对自身师德问题的反思。教师群体与个体师德表现的不平衡，失范现象客观存在，使得师德的修炼十分紧迫。

二、对师德内涵和师德培养模式的再思考

学高为师，德高为范，师德是教师的灵魂。师德建设是教师教育的灵魂和主要课题。时代不断进步，教育不断发展，对教师的职业道德要求也在不断发展变化。立足现实，着眼未来，与时俱进，积极开展师德建设的理论研讨，不断丰富师德建设的内涵，才能构建师德建设的平台，探索师德建设的新途径、新方法。

（一）对师德内涵的再思考

师德是教育行业的专业引领精神，是来自于职业生活的实践智慧。师德离不开生动活泼的教育实践。它不是长篇大论的大道理，它是教师生涯中的点点滴滴，折射出每个教师的人性光辉。教师职业道德是社会道德在教师职业中的特殊体现，职业道德规范为教师处理教育实践活动提供了道德准则，教师职业道德的修养，使教师能够自觉遵守道德准则的内容，分辨是非，界定荣辱，规范行为，处理好各种关系，保持一个人民教师应有的尊严和形象。师德的核心是处理好"三个关系"：①要处理好与教师职业的关系，就是敬业；②要处理好与学生的关系，就是爱生；③要处理好与自身的心理和行为的关系，就是师格，师格指教师的人格和品行。

加强师德建设除继承传统优秀师德外，还应具有体现时代特征的新内涵。师德内涵应与时俱进。比如：一个关于教师的经典比喻——红烛，它曾被认为是教师道德的最高体现。据调查，相当数量的年轻教师并不接受这一说法。社会在变，家长在变，孩子在变，教师有什么理由不变？

发展是教师必须要追求的一种内涵。那么，新时期师德的内涵是什么？在我们看来，新时代师德的核心是"以人为本"的博爱之心，以正确认识人、尊重人、信任人、开发人的心智和提升人的道德为指南。新时代的师德首先是专心如一的敬业精神，教师的自我评价实现和敬业精神相结合，引领教师在完成崇高使命中升华道德。新时代的师德是一种终身学习的进取精神，是一种需要精心钻研，以使获得专业知识与特别技能的特殊专业，并且要对学生的教育前途未来富有高度的责任感。新时代的师德是率先垂范的师表，以自身高尚的人格力量给予学生以一生的重大影响的一种道德规范。新时代的师德还是一种教育的实践智慧，要让教师掌握爱的方法，提高教师爱孩子的能力。

新时期师德的内涵应该包括如下几方面：

1. "以人为本"的博爱之心

新型师德以博爱为核心和基石，以正确认识人、尊重人、信任人、开发人的心智和提升人的道德为指南，要按照"以人为本"的思路去建设师德。在师与生的关系中，要以学生为本，树立新的、全面的学生发展观、人才观和成才观。对学生要一视同仁，关心学生的全面发展，尊重学生的人格尊严，做学生的良师益友，为学生的兴趣、个性、特长和创造思维的发展创造广阔的天空。

2. 专心如一的敬业精神

在市场经济的一些观念的影响下，部分教师逐步淡漠了传统意义上的社会责任感以及奉献意识，价值理性不断萎缩，工具理性却日益膨胀，神圣的教师职业日趋平庸化、商业化。师德构建将教师的自我评价实现和敬业精神相结合的新型师德，引领教师在完成崇高使命中升华道德，塑造"爱岗敬业、严谨治学、治教"的高尚师德，重视"人师"之尊严。

3. 终身学习的进取精神

当今社会是一个学习型社会，终身学习成为人们的共识。近年来，教师专业化越来越受到社会的关注，教师职业不仅具有人们过去熟悉的从教为善的品质，它还是一种需要精心钻研，以使获得专业知识与特别技能的特殊专业，并且对要求学生的教育前途富有高度的责任感。教师职业要达到专业化程度，不仅需要教师在业务上提高专业化的要求，而且还需要教师在职业道德上反映专业化的需要，因此，师德建设要在教师专业化视野下进行。

4. 率先垂范的师表作用

美国著名教育学家吉特博士说："在学校当了若干年的教师之后，我得到了一个令人恐慌的结论——教学的成功与失败，'我'是决定性因素，能身为教师我具有极大的工具，也可能是制造痛苦的工具，也可能是启发灵感的媒介；我能让学生丢脸，也能让他们开心，能伤人也能救人。"这番话，对每个教师而言，都应是一种心灵的震撼。一个优秀的教师一定会以自身高尚的人格力量给予学生以一生的重大影响。

5. 教育的实践智慧

有的老师批评学生，会让孩子觉得老师在故意苛求他，但实际上老师是真的不爱学生，故意和学生作对吗？不是。是这样的老师没有掌握爱的方法。师德教育要让教师掌握爱的方法，提高教师爱孩子的能力。一位老师记下了这样一件小事：一个孩子迟到了，他没有批评孩子，而是对孩子说，是不是路上不好走？看到你的位子空着，老师的心就悬着，直到你来了，我的心才放下。这些话既没有讽刺挖苦，也没有疾言厉色，但是让孩子感受了老师的关怀。从此以后，这个孩子每天晚上上三个闹钟，再也没有迟到过。

（二）对师德培养模式的反思

是什么原因使得师德教育与空洞乏味之间画上了等号？是什么原因使得师德规范在老教师们眼里仅仅是外在行为的束缚而不是源于内心的追求？如何重建有魅力的师德教育？

师德水平的高低，当然和教师本身素质息息相关，但无庸置疑，它和师德教育的功能也有很大关系。反思师德现象存在的许多不尽人意之处，追溯师德教育存在的症结问题，我们不难看出，就师德教育本身的内容而言，的确就有许多值得推敲之处。

问题一：目标太过理想化，把一部分教师能够达到的道理理想等同于所有教师都必须达到的道理规则。其最大特征是高而难攀，用太过于理想化的要求标准去要求所有的教师，是很难实现的，正因为太理想化，也就很难做到务实。

问题二：形式上重说教，就是生硬而机械地空谈理论。有许多教师抱怨师德教育课太空洞，总讲大道理，不切实际。

问题三：忽视了师德上存在的差异性，没有做到"因层制宜"。事实上，教师的职业道德无论在教育境界层次、教育理解层次，还是在从业态度层次与爱生层次上都不可能是完全整齐划一的。针对这一问题的对策是实行分层建设。

问题四：过分笼统，缺乏可操作性。对很多师德规范没有详细的具体要求，只是大致的、不精确的规定，过于粗略。例如，何谓"教书育人"，这是一个很模糊的词汇。师德要求应当尽量做到细致入微，所谓细致入微，就是师德规范必须明确、具体、精细、周密、可操作性强。

问题五：师德建设中，注意力过度集中在正面要求上，缺乏底线规定。例如，1997年8月7日修订的《中小学教师职业道德规范》中提出的八条：遵纪守法、爱岗敬业、热爱学生、严谨治学、团结协作、尊重家长、廉洁从教、为人师表。这八条都是从正面角度作出的较高要求，没有底线规定。

三、师德培养的策略与措施

教师无小节，事事见师德。教师的育人渗透在教育的全过程，对学生起"润物细无声"的影响，那么教师自身师德的修炼何尝不是渗透在教育教学的全过程呢？青羊区始终把师德建设放在教师队伍建设的首位，着力培养一支爱生如子、爱校如家、爱岗敬业、教书育人，具有高尚人格魅力的教师队伍。制定了全区师德建设纲要和教师职业道德规划，分步骤、有计划地推进全区师德建设。

（一）在学习活动中提高师德认识

学习是修养的前提。学习可以使逸者得勤，昏者得明，迷者得醒，丧魂者得救。中国古代思想家也早就提出，"博学之，审问之，慎思之，明辨之，笃行之"，这里的学、问、思、辨是"行"的前提，只有通过学习思考，才能提高辨别是非善恶的能力，才能使修养不迷失方向。为提高教师的师德意识，引导教师自觉抵制市场经济的负面影响，帮助教师树立正确的人生观、价值观和世界观，我们组织教师开展了多种形式的学习活动。

1. 在专题培训中凝聚师德灵魂

以"做合格的青羊教育人"专题培训为契机，组织教师进行职业道德的学习，明确师德基本要求。要有"我是一名人民教师"的角色意识，以职业的标准来规范自己，展示新时期教师的良好精神状态，恰如其分正确地进行职业生涯设定规划。然后通过查、摆、议的形式，重树教师形象，使教师们充分认识到自己的劳动特点就是奉献。爱岗敬业、无私奉献的精神增强了，教师开始自觉提高自身业务水平，自我加压，开拓创新，大练内功，教育教学能力也大大提高。鼓励教师把职业当作事业来做，培养教师的敬业精神。

相关链接：

教师学习心得摘录

培训带给我巨大的震撼与感动。前者源于通过学习发现自己与别人

的差距之大，后者源于发现自己身边仍有这样一群人，坚守着一种真正有价值的教育精神。（成都市红碾小学黄智兰）

如一次头脑的革命，心灵的洗礼。"培训是教师永远的福利。"这样的福利可以让我提升境界，精神充实，重获新生。（成都市泡桐树小学鄢小红）

走过了十多年的教学生涯，收获了无数的酸甜苦辣。如今，走进了青羊教育，走进了仰慕已久的公立学校圣地。我用几近虔诚的心灵吸取着每一个讲座的点点滴滴，非常珍惜这个来之不易的学习和提升自己思想素质的机会。（马凡美）

2. 在互动讨论中规范教育行为

进行师德大讨论等活动，统一思想，形成共识，使广大教师真正成为既有高水平的思想政治素质、敬业爱岗精神，又能教书育人和从事教育教学研究的复合型人才，保障教育事业健康有序地向前发展。如在学习《教育法》、《教师法》、《义务教育法》、《未成年人保护法》、《中小学教师职业道德规范》等一系列教育法规、政策后，组织教师展开讨论，进行相关知识竞赛，使全体教师做到知法、懂法，然后才能进而做到守法、执法。此外，我们还进一步以法律的形式规范了学校的办学行为，规范了教师的从教行为。不仅让教师明确自己的权利，还要让教师明确自己应履行的义务，使教师增强法制意识，树立依法执教的观念。我区还从实际出发，制定了落实《中小学教学十环节》的具体措施，制定了各环节贯彻职业道德规范的具体要求。

相关链接：

专题讨论

围绕"今天我们如何做教师"的主题开展专题讨论活动时，有老师提出讨论教师节时学生送的礼物该不该收的问题，教师对此都积极地表达看法：一部分教师认为不收会伤害师生感情，一年也只有一个教师节；另一些教师认为收了会使学生争相送礼。最后大家讨论后认为，要以教师行为的影响好坏为标准，灵活处理。

3. 在理念更新中提升师德水准

人们的意识和观念决定着人们的行为取向。"有什么样的教育思想就会有什么样的教育行为，教育实践。"没有教育观念的改变，即使是采取了一些措施、做法，那么，其师德的表现行为也只是短暂的，形式的，虚伪的。面对教育发展繁重任务的要求，师德内涵在不断提升，教育理念需要不断的更新。我们通过广泛深入的宣传教育，进一步引导广大教师树立"育人为本"的教育观；树立"人才多样化、人人能成才"的人才观；树立"德智体美全面发展"的教育质量观。树立"为学生的一生发展和幸福奠定基础"的教育价值观。

4. 在榜样的力量中汲取闪光的精神

榜样的力量是无穷的。我们注重用优秀教师的高尚师德和感人的事迹来鼓舞、鞭策教师，学他们的精神，走他们的道路。我们多次组织教师听全国先进教师、德育先进工作者的事迹报告会，魏书生、李镇西等优秀教育工作者的名字早已在教师心中深深地扎下了根；注意发掘身边不断涌现出大量的敬业、爱生的事迹。如：组织师德高尚教师的评选后，我们就引导教师学习身边的榜样，组织先进事迹的交流活动，组织一帮一的互帮互学活动，使身边的"春蚕精神"、"蜡烛精神"不断发扬光大。

（二）在实践活动中培养师德素质

教师修养不是凭空臆造出来的抽象空洞的东西，而是教师在长期实践中不断总结出来的客观规律。可以说，离开了教师的社会实践，特别是教育教学工作实践，就不可能有教师的修养。因此，高尚的师德，需要在敬业爱生的实践活动中去培养，去锻炼，而不能单纯靠说教、靠学习。要说与做紧密结合、理论与实践相结合。有魅力的师德教育的首要待征是"生活的"，可以将职业规范的内容浓缩为教师生活的方方面面。第二个特征是"智慧的"，相当数量的年轻教师不再仅仅追求"苦干"，他们希望效率，希望掌握教育的艺术，希望"巧干"，希望在职业生活之外拥有健康而丰富多彩的生活空间。因此，传统师德的内涵在"奉献"的基础之上，应提倡新的境界——"智慧"和"发展"。第三个特征是"建构的"。道德需要内心情感的体验、头脑理性的思考、真正行动的实践。因此应该抛弃传统的说教，以案例分析、开放式研讨、网络论坛等形式引导更多的教师来探讨、思考深层次的专业伦理问题，体验这个职业的辛劳与付出。

为此，我们开展多种活动，使教师在活动中培养自主意识，提高修养水平，陶冶高尚情操。教师努力做到"三全"、"三爱"、"五心"，即全面贯彻教育方针，全面推进素质教育，全面提高教育质量；爱事业，爱学生，爱学校。同时通过开展系列活动，既加强师德建设，又提高学生的思想道德水平。

1. 以"三让"与"五心"渗透教师生活全过程

学校生活、家庭生活、社会生活是密不可分的，因此，对教师的职业道德、家庭美德、社会公德这几方面要结合起来进行教育，才能真正塑造教师美好的心灵。我们开展以"三让"与"五心"走进学生，走进家长，走进社会的活动，使师德的修养渗透到教师生活全过程。"三让"即让社会满意，让家长满意，让学生满意；"五心"即对待学生热心、诚心、关心、耐心、细心。爱是教育的桥梁，用心是走进心灵的唯一途径。有学校开展了"与后进生交朋友"的活动；有的组织"红领巾基金会"活动，有的开展了"我为学生办实事"的活动，把温暖和关怀送到学生的心坎上，帮助他们树立信心，明辨是非，克服困难，激励他们学习进步，抬起头来走路。

2. 以"学生跟我学什么"主题活动统筹抓好师德建设常规活动

师爱要表现在实际行动上。我们为增强教师的服务意识，开展为学生服务的活动。除了要求教师认真履行岗位职责，把为学生服务落实在日常的教育教学工作中，我们还利用教师节、"六一"儿童节、国际劳动节等节日，开展"我为学生办实事"的活动，号召每位教师做一件对学生有益的事，增强师生间的情感沟通，融洽师生关系。例如：师生共同参加社区利民活动，向希望工程捐款活动，送教下乡活动，每学期为学生提供无偿家教等活动。

3. 以"为人师表"演讲活动塑造身边的师德楷模

我区党、政、工、团协同组织"把爱献给孩子"、"唱一曲奉献的歌"等为主题的演讲、征文活动。教师把自己的所为、所做、所感写出来或说出来，渲染爱生的主旋律，讴歌教师的感人事迹。

4. 以鲜活案例及时化问题为无痕解决问题

师德建设要坚持以情感人，以理服人。教师的心理特点之一是服理、服人而不服势。绝大多数教师是通情达理的，富有一定的正义感，敬佩有学识、有修养的人，喜欢说服，讨厌压服。因此，加强情感投资是加强师德建设的突破口。在针对教师中存在的某些有损师德形象的问题时，我们是注重摆事实、讲道理，申明利害关系，引导教师自己去思考，去明辨是非，和风细雨地解决问题，而不是简单地批评，以势压人。有的教师往往因为一时急躁，偶尔发生一些问题，我们坚持做到点到为止，从理解、爱护的角度做善意的批评，用启发的方法解决一些认识问题，做到理中有情，情中有理，情理交融。

5. 以"征集教师忌语"和"教师用语十提倡"活动进行反思自查

为促进学校精神文明建设，建立和谐民主的师生关系，我区在教师中开展了杜绝教育忌语的活动。把教师急躁或不冷静时易说的一些话，例如"真笨"、"你天生不是学习的材料"、"你这样的学生我教不了"等刺伤学生自尊心，甚至有损学生人格的话汇集起来，印发给每一位教师，时时提醒，并相互监督，形成互相制约的氛围。要求每位教师对照自己工作中存在的不足，从家长和学生最不满意的事情做起，改正缺点。

相关链接：

《青羊区教师忌语》

1. 想上课就给我出去！

2. 这么简单都不会，你还可以做什么？

3. 你这样，我没办法教你了。

4. 谁教你谁倒霉！

5. 咱们班的脸都让你丢尽了！

6. 看看XX，你有他的一半就不错了！

7. 你太让我失望了，对你我已经失去信心。

8. 明天让家长写一份保证书，再犯错误，干脆别上学啦！

9. 叫你家长来，看他们是怎么教育你的。

10. 你这孩子没什么希望了。

（三）在制度建设中保障师德建设

良好师德的形成是一个长期、渐进的过程，不是一蹴而就的事，必须建立机制，完善师德师风建设体系。因此，我们要建立健全各项充分体现相关的道德规范和具体要求的规章制度。通过严格的科学管理，把提倡与反对、引导与约束结合起来，把思想引导与利益调节、精神鼓励与物质奖励统一起来，加强督促检查，严格考核奖惩，确保各种制度、守则、公约在实践中得到落实，为师德建设提供有效的制度保障，从而形成良好的师德师风。

1. 实行师德师风"一票否决制"。实施了师德准入制，把师德作为新聘教师、教师年度考核的重点内容，实行师德承诺制、一票否决制；认真贯彻《教育法》、《教师法》、《中小学教师职业道德规范》，规范从教行为，对师德不合格的教师实行"教师聘任一票否决制"。

2. 建立教师学习体系。使广大教师扎实持久地接受继续教育，充实、更新知识和技能，在继续教育中，更要把师德作为首要学习内容强化教育。要充分发挥广播、电视、报纸等新闻媒体的宣传导向作用，以墙报、宣传栏、宣传资料、座谈会、知识讲座、师德师风培训等多种形式，认真宣传、学习、贯彻《教师职业道德规范》、《教师忌语十条》、《教师八项承诺》等内容。

3. 建立师德评价评估体系。把师德师风建设作为个人教育教学工作考核和学校精神文明建设的主要内容，积极探索师德师风建设与人事分配制度改革相结合的路子。狠抓师德骨干队伍建设，定期评选师德标兵、十佳班主任、优秀大队辅导员，并组建师德巡回演讲团，充分发挥骨干的示范效应。同时，还逐步探索建立学生评价教师、家长评价学校等制度。

4. 加强学校常规管理。学校要建立健全规章制度，注重过程管理，逐一落实教学管理过程中的计划、执行、检查、总结、奖惩等各个环节的各项工作，结合各校实际情况，遵循教学管理的原则和教学规律，形成规范科学的教学管理常规。对教师教学过程中的备课、上课、作业、辅导、考查等基本环节，以及学生学习过程中的预习、听课、复习、作业、小结等基本环节，要严格要求，形成制度，使师生有规可循、有章可依。同时，制订出课堂常规、教学组织常规等，建立正常的教学秩序，形成良好的教学风气。

5. 建立监管监控机制。建立了由学校、学生、家长、社区共同参与的"四位一体"的师德建设监督网络。

总之，师德建设是一项长期而艰巨的任务，它不仅仅是学校、教育行政部门的任务，也是社会的一项综合工程，是民心工程的重要内容，关系到广大人民群众的切身利益，应该常抓不懈。

第二节　提升教师的文化底蕴

课程改革从某种意义上说是一次文化冲突与变革，如何应对和适应教育改革新趋势的挑战呢？"水之积也不厚，则其负大舟也无力"，庄子的《逍遥游》揭示的哲学道理给了我们教师教育的新启示。那就是把眼光投入到教师文化底蕴和人文素养的提升上，以促使教师向更长远、更高境界发展。

苏霍姆林斯基在《谈教师的教育素养》中如是说："学校教学大纲的知识对于教师来说，应当只是他的知识视野中的起码常识。只有当教师的知识视野比学校的教学大纲宽广得无可比拟的时候，教师才能成为教育过程的真正能手、艺术家和诗人。"这个"无可比拟"，就是博大和深厚的文化底蕴。苏霍姆林斯基还引用了一位历史老师的话说："总的来说，对每一节课，我都是用终生的时间来备课的。不过，对这节课的直接准备，或者说现场准备，只用了大约 15 分钟。"我们究竟应该如何来理解这"一辈子"和这"15 分钟"呢？我们认为，厚积方能薄发，正是一辈子日积月累的文化素养的提升，才有了每堂课的精彩呈现；正是给教师"精神的底子"的打磨，才有了教师可持续的成长和发展。张大千先生说："作画如欲脱俗气、洗浮气、除匠气，第一是读书，第二是多读书，第三是有系统、有选择地读书。"读书对于画家尚且如此重要，何况对于教师。所以在今天这个喧嚣、浮躁的现代社会中，教师更应以一种古典的心情，以一种纯净而又向上的心态，从容地、沉静地对待读书、对待学习。唯其如此，我们所期望的教育智慧才有可能因为这肥沃土壤的滋润，而真正地从我们心底萌发、生长，我们才有可能真正成为即使默默无语，也能让身旁的人感受到博大与深厚的师者。

一、对新课程的思考，正视存在的问题

在对过去教师教育目标进行深刻反思的情况下，当代教师教育的目标已经超越学科知识、教育理论和教学能力的范围，扩展到作为教师的所有方面。教师教育目标演变的轨迹出现全面性演进的趋向。教师专业化，是教育改革的必然要求，它要求教师必须具备丰厚的文化基础和人文素养，以求向更长远、更高境界发展。

(一）科学与人文的融合——新课程的核心理念

李政道博士说过这么一句话："科学和人文是一个硬币的两面，而这个硬币就是文化。"新课程倡导的，是立足于培养人文素养的全新教育理念。新课程建立起来的，是一种指向思考的多元思维。它所建构而成的，是充满了人文精神和人本思想的课堂新理念。

在新的课程目标中，强调自然科学与人文科学的一体化发展、科学精神与人文精神的融合。培养具有科学素质、人文素质的综合性人才、创新型人才是新世纪全面实施素质教育的要求。伴随着科学与人文逐步走向融合之势，新的培养目标强调科学素养和人文素养并重，提倡培养科学素养与人文素养并蓄、兼长的"全人"，这是人才培养的基本要求。科学与人文融合的新课程目标，是科学主义课程与人本主义课程整合建构的课程，它以科学为基础，以人自身的完善和解放为最高目的，强调人的科学素质与人文修养的辩证统一，致力于科学知识、科学精神和人文精神的沟通与融合，倡导"科学的人道主义"，力求把"学会生存"、"学会关心"、"学会尊重、理解与宽容"、"学会共同生活"、"学会创造"等当代教育理念贯穿到基础教育课程改革与发展的各个方面。

科学人文主义教学的个性价值具体表现在两个层面：①工具理性文明的层面。主要是通过引导学生对客观存在的物质世界的属性和规律的认识与把握，从而去正确处理人与自然的关系，去求"真"。这一层面为教学的科学价值。②人文理性文明的层面。主要是引导学生通过对同为主体的他人与社会及相互关系、变化发展规律的认识与把握，去正确处理个人与他人、个人与社会的关系，去求"善"求"美"。这一层面为教学的人文价值。

(二）文化与智慧的积淀——新课程改革对教师人文素养的呼唤

新课程特别关注教师的人文知识素养和多元知识结构的发展。在新课程的课堂上，教师是"帮助者"、"促进者"也好，是"平等中的首席"也好，其文化底子是少不了的。加强人文知识修养，这是胜任实现新课程培养"个性化新人"的目标的需要，有了文化底蕴，才有可能达到"无招胜有招"的境界。教师的专业素养和文化素养是一个相互包容的关系。教师的专业成长中如果包含了文化素养的提升，则是十分有利的。教师文化素养绝对不能简单地等同于知识水平，更不能简单地等同于学历水平，它是指教师经过较长时间培育而逐渐形成的一种从事教育工作所专门需要的涵养，是教师的学识水平、知识视野、思维品质、创新意识、审美能力、气质品位、价值取向、人格修养等的总和。一个有修养有智慧的老师通常就是一个文化素养高的老师。

新课程的实施特别注重教师的教育智慧，而教育的智慧的生长就取决于土壤的肥沃——我们的文化底蕴。因为新课程所期待的课堂应该是生命相遇、心灵相约的课堂，是质疑问难的场所，是通过对话探寻真理的地方。而这样的课堂是生成的，是无法预设的，它总在有序与无序的整合中发展。也因此，今天的教育需要我们用人性、用智慧去实践，去建构。优秀教师的课堂中有许多人性的闪光和教育智慧的闪光，而这些智慧都是无法事先预计的，无法规划和硬性执行的，都是在生命相遇过程中、问题的碰撞过程中，自然而然地而又非常灵动地闪现出来的。而教育智慧不可能从外面灌输进去，没有任何一门课程可以直截了当地教给我们教育的智慧。教育的智慧是从我们内心生长出来的，取决于土壤的肥沃程度：我们的文化底蕴，我们的学识修养、心性修养、精神修养。

（三）温度与厚度的矛盾——我们的课堂文化缺失了什么

社会的浮躁之风造成了教育的功利之心，在这样一种情况下，校园和课堂也沾染了这样一种风气。课堂由于文化缺失面临种种危机与尴尬，课堂给人虚假的繁荣景象，有温度没厚度，有亮度缺深度。其根源在于文化的缺失导致了课堂的僵化：视野不宽——教书乏招，照本宣科，搬教参，对答案；底蕴不厚——创新乏力，学生要质疑，一问三不知，学生想探究，总是和稀泥；修养不足——育人乏术，自我感觉良好，反思能力低下；情趣不多——生活乏味，心灵缺乏阳光，难与学生交往沟通，等等。

课程改革从某种意义上说是一次文化冲突与变革。文化的缺失将导致课堂的僵化，课程改革也就无从谈起。教师难适应新课程的教学要求就在于很多教师的知识结构存在明显缺陷，如知识结构过分单一狭窄，教育理论知识贫乏等，他们更多的是依赖于自己的教学技能，通过形式的做秀而不是知识的更新、经验的积累、理论的指导、时间的堆砌来使效率提高。即使在实践中形成了一些成功的经验，也埋没在琐碎的日常教育教学中。

（四）经典与参考书的错位——教师阅读怎么了

"读书破万卷，教学才有神"，欲求教书好，先做读书人。我们于2001年对我区教师阅读情况做过调查。从这次调查的结果来看，教师的阅读现状让人忧虑。教师的阅读中普遍存在着三方面的问题：（1）结构不合理；（2）阅读面窄；（3）阅读品位不高。而在有限的阅读中，所涉及的书籍又大多集中于教学参考、复习资料等，教师的阅读行为越来越平面化。调查中列的《爱弥尔》、《帕夫雷什中学》、《陶行知论教育》等10部教育经典只有20%的教师读过，有12%的教师甚至对一些所列书目未听说过其中有的书名。

流于平庸的阅读，势必导致教师精神世界的平面化，难于对学生的精神成长进行价值引领。叶圣陶所说："教参是个鸦片烟。""只读参考书的教师绝不是好教师。"一些教师更多的是读课本、看教案、学教参，岂不知大诗人陆游早就说过"功夫在书外"。广阔的教学视野依赖于广博的阅读，如果真正做到"读书破万卷"的话，我们的教学才能达到从容轻松、出神入化的境界。古人说："书深人贤。"教师的阅读中应把那些包含着深广的精神内涵、体现人类美好追求的人文名著放在重要位置，通过阅读提高审美情趣、充实精神营养、完善人格塑造，进而承担起塑造学生美好心灵的任务。

二、取法乎上的选择——读教育名著

从2000年开始，我们一是持续开展了全区性的"读教育名著"的活动，以广泛的交流反思营造书香氛围，以此为载体促使教师养成良好的阅读习惯；二是组织每学期两次的新教师和骨干教师的经典文化的自学和培训讲座，以经典文化涵养教师教育人生，启迪教师教育智慧。

一个重要的问题是，让教师读什么？我们首先组织了关于教师阅读的大讨论，请专家对"什么是名著"、"为什么要读名著"、"哪些名著主要阐述了什么观点"进行评说，使教师们有了清醒的认识；然后结合专家提供的书目和实际情况，确定了书目名单；最后由教育局组织发放教师免费读书卡，建立读书积分制，以保障读名著活动的有效开展。

古人说"取法乎上，得乎其中，取法乎中，得乎其下"。我们的教师应当读什么样的书呢？我们认为必须取法乎上。高层次的文化阅读，能达到以一当十的效应，所以读书的原则应是取法乎上，才得乎其中。如果我们一味地好奇，读没有太大文化含量的图书，或者只涉猎一般的小报的话，你即便是读上终生，收效也是极为有限的。而如果我们直奔上层的话，就能够以一当十，用一天的所得，抵得上十天甚至更多天的阅读。这种高效率的阅读，其作用就是拉长了你的生命。读书不仅要精而深，而且要广而博，教育以外的文学书、美学书、经济类图书等方面的都要读，应有所涉及。如果说教育只是整个文化的一个分支的话，我们不从整个文化来窥观教育，就有可能误入"只缘身在此山中"的一种彷徨状态，所以要读各种高层次的书、广泛涉猎各类图书。

（一）读最经典的书，做有根基的人——中国传统文化经典的诵读学习

常言道："越是民族的，才越是世界的。"我们的根基完全可以从传统经典文化中去找寻。教师应当从传统文化中学些什么？传统文化对教师内涵发展又有怎样的启示呢？浩如烟海的文化典籍，包含了多少众多人生智慧，这些智慧从修身养德、治学立业、为人处世等不同方面都可以给我们深深的启迪。中国是一个有着五千年高度文化的国度，中国文化源远流长，灿烂文化博大精深，即便我们只是汲取其中沧海一粟，也能让我们受用终生！

与经典为伴，以圣贤为师，以书香墨香打造人生底色，以经典精粹

引领教师智慧，这是青羊教师培训始终坚持的特色。学中华经典文化，做有丰厚文化底蕴的青羊教育人，汲取传统文化精华，丰富教师精神内涵，加深教师文化底蕴，以有助于教师修身、养德、治学、立业。

相关链接：

青羊区中华经典名著诵读书目单

《论语》、《三字经》、《诗经》、《弟子规》、《大学》、《孟子》、《菜根谭》

（二）走进大师，亲近名家——中外教育名著学的学习交流

只读中国的圣贤之书行吗？当然不行，我们还要瞭望世界。老子有一句名言："不出户，知天下；不窥牖，见天道。"也就是说我们要了解世界的时候，应该从哪些方面去了解。我们的教师应当具有世界文化的眼光。

古今中外著名教育家用无数的教育实例表达了他们对教育现象的反思，对教育理想的追求，这些经验值得每位教师借鉴和学习。教育名著中研究的教育问题大都古已有之而且经久弥新。学教育名著能使人跨越时空，与教育家进行心灵交流和对话。名著中闪现的思想光芒、个人品质、情感态度、人生价值等因素，能随着阅读"随风潜入夜，润物细无声"，浸润教师心田。

相关链接：

青羊区教育名著阅读书目

卢梭的《爱弥尔》，《论教育》、《陶行知教育学》，加德纳的《多元智能》，苏霍姆林斯基的《给教师的建议》，杜威的《天才儿童训练》

（三）多元共享——丰富多彩的艺术作品欣赏

综合化，不仅是新课改对教师素养提出的新要求，也是培养未来人才的国际化要求。鉴于一些学科教师长期自锢本学科，思路不宽的现象，我们在提高专业化水平的同时，加强了对教师综合素质的培养。如

我们开设了多种多样培训和丰富多彩的欣赏课、培训课。从普通话培训、英语课堂用语培训到多媒体课件制作培训和网络知识培训。影视欣赏、国画欣赏、西画欣赏、摄影欣赏、音乐欣赏、京剧欣赏、健美操欣赏、韵律操欣赏、参与性物理实验等。这些形式的学习活动，既有理性阐述，又有实物展示和亲身参与，生动有趣，深受学员的欢迎。他们写了许多随笔，谈了自己的艺术审美感受。

主要内容：开设了多种多样培训和丰富多彩的欣赏课、培训课。从普通话培训、英语课堂用语培训、多媒体课件制作培训到网络知识培训。影视欣赏、国画欣赏、西画欣赏、摄影欣赏、音乐欣赏、京剧欣赏、健美操欣赏、韵律操欣赏、参与性物理实验等。

教师通过读书，取得了很大的收获：

1. 促进教师内涵发展，使教师学会反思和研究

读书开阔了视野，丰厚了积淀，深入了反思，提升了人生智慧。这些教育的智慧极大丰富了教师的理论内涵，有效地指导了教师的教学实践，教师在实践理论的过程中不断反思，并由书面理论引用到实践中反思，实现了理论与实践的一次次整合。教师们读了教育名著后，感触颇深，写下了300多万字并随后记录了自己的读书心得，汇编成《青羊区教师读名著心得集》。下面是部分教师的读书心得案例：

案例一：

享受工作（摘录）

成都市实验小学　刘西敏

走进阅览室，翻阅苏霍姆林斯基、杜威、陶行知等教育家的著作，你会发现，他们都有一个共同特点，那就是他们把教育干得有滋有味，似乎他们不是在"工作"，而是享受幸福，品味幸福。那就是因此教师必须善于创设和谐愉快的工作氛围，让所有的问题都能在"幸福""乐趣"中解决。霍华德·加德纳的《多元智能教育理论》、阿莫纳什维利

的《三十六本教育日记》使我悟出，必须努力去发现每个孩子身上的闪光之处，用心去关注他们。还要像吴正宪老师一样"以宽容的态度等待学生去发现、认识真理"。教育是一种智慧的事业，仅有热情不够，仅凭经验不行。你要充满智慧地去工作，你得真诚地信任学生他们，要善于从这些学生身上发现不同于昨天的新东西，要用心灵去读懂学生。要能够看到自己的心血在学生身上时时刻刻在溶化、萌芽、生长。

解读：知识的丰富让教师有能力重新审视自己的教育，并将自己的发展与教育的发展紧密联系起来。

案例二：

读中华文化经典做宁静心灵的守望者

青羊区教师学习与资源中心　陈涛

我们这一代人生于60年代，正是在思想成熟的重要时期，国门洞开，经历了所谓的"信仰危机"。即为过去所接受的传统教育的束缚而愤怒，又为在多元文化的冲击、享乐主义思潮影响下迷茫。我们整日忙忙碌碌却不知所为；面对幸福、快乐逐渐麻木；"活着有什么意义""生活是为了什么"，这些是常常困扰我们的问题。我们时常自卑、忧郁、孤独。究其原因，是缺少精神的寄托。所以，我们常以疯狂地消耗精力来排解郁闷。

我喜欢读书，但在接受任务的情景下难免有些想法。刚开始诵读中华文化经典时，我感到新鲜，认为这是一项工作的需要，甚至觉得有些理想主义。因为我们平时的工作太忙，加之家庭琐事的拖累，社会大环境的干扰，要静下心去读这些老古董，似乎有些不现实。可是，在诵读《弟子规》的过程中，我时常为文中语句而感动，为文中的哲理而感慨，时常觉得心中涌动着暖意。读过之后，我发现自己心气平和了些，心灵空静了些，我想：这大概是寻找到精神支柱的缘故吧！阅读让我充实，读中华文化经典诵读精粹让我的心灵宁静、思想有所寄托。

解读：读中华文化经典，就是让我们在字里行间与伟大的思想进行交流与碰撞，吸取中华民族文化的精髓，与现代思想相融合。那样，我们的精神也不会空虚，我们的心灵不会浮躁，在阅读中思考，在阅读中成熟，在阅读中体味人生的快乐，在这样的人生过程中提高生命的质量。

案例三：

我读《论语》有感

成都市青羊区教师学习与资源中心　程静

在实行商品经济的今天，整个社会，包括教育行业和我们每一个个体，都自觉或不自觉地浮躁起来，任何事情都有一种漂移不定的感觉。此时，更需要我们找准自己的根基，冷静地、心平气和地做人、做事。

"知之为知之，不知为不知，是知也。"告诫我们学习时应实事求是，保持诚信的品德。这本是教育的本性，但在今日，我们的教育却在扭曲着。在我所教的小学作文班中，有学生写到：某老师在上公开课前告诫班上同学，上课时发言一定要踊跃，不管你知不知道答案，都要举手。为了让老师清楚哪些同学知道，哪些同学不知道，知道答案的就举右手，不知道答案的就举左手。于是乎，课堂上一派热闹场面，可有识之人不免心痛：我们教给了学生什么？我们的教育就是为了弄虚作假吗？

其实，不懂的学生不举手又何妨？我们宁可让学生留下一两个知识空白，也不能让学生学到如何去弄虚作假。当今社会，诚信的缺失还不够吗？政绩可以作假，数字可以篡改，考试可以作弊，食品可以假冒……中国人怎么了？要想使中华民族屹立于世界民族之林，靠"假"的东西能站得住脚吗？几千年前的古人就知道"知之为知之，不知为不知"的道理，难道今人还不如古人吗？

解读：阅读经典是人格的洗礼和重塑，让教师有能力重新审视自己的教育。

2. 丰富课堂文化底蕴，推动学校课程文化建设

教师群体文化素养的提升一方面丰富了课堂的文化底蕴，引发了课堂教学对文化的追寻。如成都市实验小学"诗意课堂"的呈现展示，还有成都市红光小学"魅力课堂"的研究。另一方面，教师的文化底蕴和文化气质的提升，展现教师自身文化素养，使其能够最大程度地发挥教师在学校文化建设中的感染力，而且能够通过教师的文化成长，使教师成为学校文化建设的主体，促进教师文化和学校文化的发展。如：实验小学"雅文化"、草堂小学"诗文化"、文翁实验学校"国学教育"等形式的学校文化，充分发掘了弘扬中华民族教育精髓，促使学校在课程文化建设中思考注重继承中国传统文化的基本精神。

第三节　体验式培训奠基职业生涯

英国有句谚语："Tell me, and I will forget; show me, and I may not remember; Involve me, and I will understand."意思是："我听，我忘记；我看，我记得；我做，我学到。你告诉了我，我会把它忘记；你把它拿给我看，我也可能不会记住；但如果我参与了，就能够理解。"

我们常常批判教师培养学生的方式过于单一，过于注重"讲授式"的教学模式，殊不知，我们旧有的教师培养模式也存在单一化、片面强调教授模式的弊病。从这种培养模式中"脱胎"的教师，怎么可能很好地适应新的教学模式呢？体验式培训作为一种新的教师培养模式，正以其全新的培训理念和方式，吸引着越来越多的教师的注意。

新课程改革强调学生和教师的参与。只有富于参与意识的教师，才能带来充满参与机会的课堂，才能培养学生的参与热情与能力。要培养富于参与意识的教师，亦需要在教师培训中，强调学员的参与。目前风行于我国大江南北的"参与体验式培训"，其意义也在于此。在教师教育中强调教师的参与，是现代教师教育的潮流所向。青羊区开展的体验式拓展培训活动，无疑是上述教师教育理念的成功实践。

一、什么是"参与体验式培训"

参与体验式培训是一种全新的学习方法和训练方式。一般是指把受训人员带到特定环境中，通过专门设计的具有挑战性的课程，利用多种典型场景和活动方式，让团队和个人经历一系列的考验，使参与者在解决问题，应对挑战的过程中磨练克服困难的毅力，培养健康的心理素质和积极进取的人生态度，增强团结合作的团队意识。体验式培训是基于现代教育思想和管理理论的一种学习方式。

（一）起源和发展

体验式培训源于二战时期英国盟年对海员生存能力的训练，二战结束后，这种训练的独特创意和训练方式被保留下来，并逐渐被推广，训练对象由海员扩大到社会各类人群，训练目标由单纯的体能、生存训练扩展到人格训练、管理训练、团队精神训练等方面。1995 年，体验式培训传入中国以来，为了占据人才制高点，提高核心竞争力，企业界纷纷引进体验式这一培训方式，这种区别于传统认知方式培训的新方式，有效促进了企业人力资源的开发。到目前为止，列入世界 500 强的跨国公司，如通用电器、IBM、惠普、柯达、摩托罗拉、爱立信、诺基亚等，已多次组队参训；许多国内知名企业如联想集团、清华紫光、北大方正等也都把这种培训作为员工教育的必修课。并且此外，体验式培训也受到了高等学府的青睐。清华大学经济管理学院、北京大学光华管理学院、中欧国际工商学院等著名商学院的 MBA/EMBA 教育都把体验式培训作为指定课程。"体验式培训"的热潮正在我国形成，它将被越来越多的企业所接受和认同并列入培训计划，成为企业进行人力资源开发和团队建设的有效方式。

与企业越来越重视体验式培训相比，我国教师培训中尚未引入体验式培训。鉴于体验式培训在企业培训的成功运用，我们将其引入师资培训不失为一项积极的对策，对于教师人力资源开发和管理工作是一个极有意义的课题。

（二）特点及意义

与传统的认知讲授式培训相比，体验式培训有如下特点：

1. 目标的明确性和针对性。

体验式培训以"量体裁衣"的方案设计和严格的流程为其主要特征。完整的体验式培训首先会开展社会需求调查，分析单位战略发展目标与现状之间的偏差，评估出学员培训的需求；接着在需求分析的基础上，设定可衡量的培训目标；然后根据目标，设计培训计划，同时针对学员的性质，选择培训方式；最后在培训结束后，使用调查问卷或访谈的方式，评估培训效果，帮助学员最大程度地把学到的知识、技能等运用到工作和生活中去，促进学员个人和组织共同进步。因此，引入体验式培训，可以克服传统培训缺少战略规划、容易脱离实际的缺点，显示出培训目标的明确性和针对性。

2. 培训课程的挑战性。

体验式培训通过设计返璞归真式的"场"，使学员摆脱日常生活的普适经验，积极主动地去解决面临的新问题，并以此培养了学员的创新能力；同时，通过设置人为障碍，该培训模式能有效促使团队成员相互鼓励，相互合作，集思广益，变不可能为可能。体验式培训的教育主旨就是"你的拥有超过你意识到的"（There is more in you than you think），尤其是课程中的个人项目，它重在集中挖掘每个学员的潜力，要求每个人充分发挥出体能和心理上的潜能，经受一定难度的考验，最大限度地完成活动指标。这样就让每个学员相信他们每个人都有更多的勇气、力量和善良心，从而达到激发学员的工作热情，达到人尽其才，有效发挥各自才能的目的。

3. 培训方法的多重性。

体验式培训采用科学的多重感官学习法，使培训对象通过亲身体验获得自己的经验，从而在有限的时间内获得最大的收获。多重感官学习法包括：小组研讨、尝试会谈、情景活动、角色扮演、静心冥想、作业练习、行动指南等，这种多元方法的运用更加适应于复杂多变的环境。在课程进行期间，培训对象获取价值的最佳途径是实际参与、亲身体验。体验式培训在小组研讨中，要求培训对象必须将活动中所遇到的问题与现象提出来并与其他组员讨论，通过找出在实际工作生活中曾经发生过的类似情形来作比较，得出结论、转变思考与行为模式，并由此制定目标，选择未来全新的行动。这种类似于对话式的培训方式，有利于化解人际冲突和矛盾、改善群体内部关系。

（三）原理：改变心智模式

彼得·圣吉关于心智模式的研究，诠释了体验式培训的原理。他提出心智模式是指一种深植于人们心中的对周围及世界的看法及其采取的行动。他认为人们常常以自己的信念和假设来看世界，很多时候，人们习惯于透过自己的"过滤眼镜"去诠释和认定外在的世界，其实看到的只是自己的假设，然而人们却把它当成是真实的世界。信念和假设潜藏在人们的内心而且不易觉察，但又时时刻刻影响着我们的行为，心智模式就像一个自动操作的内在系统，在不知不觉中左右人的方向和人对外界作出的反应。所有的后果和成果不是根源于我们做了什么，而是根源于我们为什么这样做。体验式培训探寻的就是改变的根本动因——根植于心中的信念，并且从操作层面观察和改善人们的心智模式——这些信念如何影响我们的行为和成果。根源改变了，导致行为改善，成果自然彰显。

曾经有位伟人说：观念改变历史的轨迹。人有什么样的信念，就会有什么样的行为，而这个行为又会导致了成果的获得。体验式培训从拓宽人的信念入手，着眼于"激发人的潜能"。体验式培训是一种态度训练，而不是一种知识训练或技巧训练。传统管理善于从中间环节入手，也就是从行为的层面入手，通过改变行为从而改变成果。但是，体验式培训认为，行为只是"标"，试图改变行为乃治标不治本，行为的背后是信念和心态，这种所以信念和心态才是"本"，只有把信念的宽度打开，使信念趋于开放、包容，才会有不同的行为，也就会出现不同的成果。释放潜能依靠的是心态的适当转变。体验式培训的作用之一就是帮助学员改变原来的固有观念，树立起全新的态度。它帮助人们主动改变对待自身及周围世界的态度，训练整个人的综合素质得以有效发挥，从而为个人的持续健康成长提供源源不断的动力。

二、为什么选择体验式培训

教育倡导"以人为本"理念的真正体现，体验式培训这种新的学习方式使更多的人因为它而找到了自我存在的价值，找到了通往自己理想的通道，找到了建立新型学习型团队的途径和方法。

1. 体验式培训充分体现了建构主义教学思想。

一种学习方法的产生，有其深刻的教学思想基础。建构主义是行为主义发展到认知主义以后的进一步发展。建构主义教学思想认为：学习者是学习的主体，有效的学习需要从学习者的兴趣出发，从解决实际的问题出发，只有这样，学习者才能产生学习的动力。教师不是单向的知识传递者，其作用在于为学习者提供丰富的学习情境，帮助和指导学习者建构自己的经验并引导学习者从直接经验中学习。建构主义教学思想还鼓励教学信息的多方向流动，而不只是从老教师到学习者的单向流动。可见，建构主义教学思想提倡的学习方法是教师指导下以学习者为主体的学习。反观体验式培训，无论是学习情境的设置、学习者以主体身份通过活动获得体验的方式，还是培训的指导、团队成员之间的交流和最终成果的形成，都充分体现了建构主义教学思想的学习主体观、教师观、学习观和教学观。

2. 体验式培训直接来源于体验式学习理论。

美国凯斯西储大学维德罕管理学院的组织行为学教授大卫·库伯于20世纪80年代初提出了体验式学习理论。他构建了一个体验式学习模型——体验学习圈：活动（体验）—发表—反思—理论—应用—活动（体验），依次循环。他认为：有效的学习应从体验开始，进而发表看法，然后进行反思，再总结形成理论，最后将理论应用于实践。这个理论已经成为很多培训模式和学习方式的核心理论，包括体验式培训。体验式学习理论对设计和开发终身学习模式有着深刻的影响；同时，对企业如何转变为学习型组织也提供了有益的启示。西方很多管理者认为，这种强调"做中学"的体验式学习，能够将学习者掌握的知识、潜能真正发挥出来，是提高工作效率的有效学习模式。

3. 体验式培训弥补了传统教学模式的缺陷与不足。

体验式培训在本质上是一种培训教育教学模式，但它与传统教学模式在教学思想、教学方式以及具体实践等方面有着明显的区别。传统教学模式基于行为主义思想，而体验式培训基于建构主义教学思想；传统教学强调学习过去的知识，而体验式培训则强调即时的感受；传统教学讲究记忆，体验式培训讲究学习主体的领悟和体会；传统教学以接受程式化的知识为导向，体验式培训以分享总结经验，解决问题为导向；传统教学注重知识、技能，体验式培训注重观念、态度；传统教学以教师为中心，教师在整个教学过程中处于主导和控制地位，体验式培训以学习者为中心，培训师发挥指导作用；传统教育强调在课堂中学知识，体验式培训强调在具体的学习情境中通过体验来学习。

两种不同的教学方式有着不同的结果。传统教学的"教"不一定导致"学"，更不一定产生"会"。而在体验式培训中，学习者通过具体情景中的活动获得体验，同时也体验到了学习的乐趣，有效促进了学习者高级认知能力的发展。可见，在体验式培训过程中，"教"是旨在通过提供学习情境、信息、游戏等方式，为学习者创造适合学习的外部条件和环境，其作用是产生"学习"。"会"是指学习者经过学习，在现实环境中能够应用学到的知识和技能，或者促使学习者的行为发生改变。体验式培训最终是要实现这样的目的：通过改变学习者的态度和观念来开启学习者的所有潜能，并让他们将这些潜能运用到实际工作中，带来最优的个人绩效。

4. 体验式培训是学习管理知识和管理艺术的高效途径。

与其他学科相比，管理专业的学习表现出三个明显的特征：（1）极其重视交互性强的参与体验式学习。这是由管理的科学性和艺术性特征决定的。（2）极其重视合作学习。管理工作与沟通密不可分，管理教育与合作学习也密不可分。（3）极其重视理论与实践的密切结合。体验式培训的团队交流与沟通、集体互助解决问题、把所得的体验和理论运用于实践无疑都反映了管理专业学习的三个特征。为了实现管理专业的学习目的，体验式培训的课程都是针对企业的需求，根据企业内部存在的问题精心设计的。它整合了企业管理的理论精华，并将其巧妙地融入各个项目的实施过程中，让学习者在快乐的体验中领悟、检验并提升管理技能。体验式培训为学习者创造了一种全新的学习环境，学习者的管理理论在现实的模拟场景中得到了充分的应用；同时，通过培训师的引导，学习者也不断整合自己的知识，并迅速将其转化为行动。培训虽然没有直接给学习者灌输知识，但训练所引发的心灵感悟却让他们受用无穷。

5. 体验式培训有效地培养了积极的团队精神。

现代企业在注重学习、努力把企业塑造为学习型组织的同时，其优秀的业绩越来越取决于工作团队的表现。体验式培训项目一般是以团队的形式完成的。它通过各种精心设计的活动，使团队成员在解决问题、应对挑战和相互交流的过程中，实现"激发潜能，熔炼团队"的目的。所以，体验式培训对培养学习者的团队精神和合作意识、对改善人际关系、对形成积极向上的组织氛围和改进组织内部的沟通与信息交流等都大有裨益。

6. 与在线学习不同，体验式培训触及了人的社会性和内心世界。

随着信息化的发展，企业的运行越来越多地依赖电子网络来完成，员工的工作、学习和生活也更多地以网络为媒介，网络化的工作环境使现代企业的员工更加关注与工作有关的技能，而在处理人际关系方面却显得有些乏力。近年来，在线学习发展迅猛。由于在线学习是借助于互联网进行的，很好地解决了学习的随时随地性和公平接受等问题，从而为教育的普及化和终身学习提供了可能；但是这种以网络为媒介的学习方式却疏远了人与人之间的关系，甚至会促生人际关系的隔膜和冷淡。因此，人们对在线学习充满了憧憬的同时，对于人类本身所需的一些深层力量或者说精神力量的培养，例如意志、奉献、忠诚、合作、创新、人际关系的协调等也充满了渴望。在这种情况下，人们把目光投向了另一个方兴未艾的"E-learning"——体验式学习。

通过以上分析可以看出，源于体验式学习理论的体验式培训，通过将建构主义教学思想具体化，弥补了传统教学模式的缺陷和不足；同时，无论是在学习管理知识、体会管理艺术方面，还是在培养团队精神、促进个人全面发展方面，它都是一种有效的学习方式。可以说，在当今个人注重学习和发展、组织注重团队修炼的时代，体验式培训的兴起有其必然性。

三、实施与收获

（一）具体方案

根据教师培训的整体规划，教育局每年对新教师和学校干部组织为期三天的体验培训，同时倡导学校层面的团队培训。

目标：五个提升，即提升参训队员的领袖意识，创新意识；提升教师的团队协调与激励能力；提升敬业和执行能力水平；提升教师面对各种压力的心理承受和心理调节能力；提升对均衡教育理念，学习型团队理念的领会水平。所有实施方案立足于促进参训队员的有效交流、沟通，为学校培训提供了一种全新的平台，以构建一个均衡和谐的教师学习型团队、学习型学校为最终目的。

流程：亲历—感受—分享—总结—应用

1. 亲历：这是整个体验式培训的关键，这一步直接决定了以后的工作。亲历或行动就是说学员在教练的指导下，单独或团队合作去经历一些模拟的场景，去完成一项任务，这些都必须是学员亲自完成。

2. 感受：学员通过置身其中，得到最真切的感受。这种感受将是全方位的，活性很强的，印象深刻的。学员通过回顾刚刚发生的事情，或许还有些心惊胆战的感觉，但是通过回想和对这段经历进行分析，开始产生一些观点和想法。

3. 分享：通过回想和分析获得知识和经验毕竟是有限的、范围狭小的，大家要聚在一起把自己的感受拿出来分享，每个人就会得到多于自身数倍的经验。在这个过程中，教练会积极地鼓励学员发言，灵活运用提问的技巧，引导大家的思维在原有观点的基础上向着纵深的方向发展。

4. 总结：当大家把观点分享了之后，得到的肯定是一些超过自己想象的、凌乱的信息，这时教练将根据大家讨论的结果，结合相关的理论知识，进行系统性的归纳总结，把学员的认识由感性上升到理性，并形成自己的思维和价值观，改变原有的认识。

5. 应用：这个过程是在培训之后的生活和工作中由学员自己完成的，认识在实践中产生，最终还是要回到实践中去，学员通过实践学习到了更加丰富的理论知识后，最终要用来指导实践工作，这也是体验式培训的终极意义所在。

内容：以野外拓展训练为主要活动方式，并适当安排一些团队精神和个人突破的训练项目。具体包括实弹射击、探洞、水上项目、团队桥、高空个人挑战项目、定向寻宝、场地团队项目等。每一项都有一个主题和它所应达到的目标，在完成项目后，整个团队队员都要留出组织感受体悟的时间，由队员们将各自的体会和大家分享，将困惑和大家探讨，共同感悟，共同提高。整个训练设置和任务只有在是全体队员通过对一系列艰难过程的体验，齐心协力，充分运用集体智慧，勇敢面对挑战，顽强拼搏之后才能最终完成；训练过程中的每一个环节都是对团队智慧和勇气的考验。

1. 首先是团队的组建，即初始任务。从出发到目的地短短一个多小时内，在先前缺乏对任务了解和计划的前提下，要完成团队称号、口号、队歌的确立，队旗的设计和制作这一系列任务，对个体而言都是非常困难的，需要激发群体的创造力，必须充分调动全体队员的积极性，依靠团队的智慧才能完成。

2. 正式任务的开始。"走出迷宫"的环节，强调了团队对纪律的遵守，并且制造出一个对所有人而言完全陌生的环境，在这里环境不是指自然环境和社会环境，而是通过阻断日常最有效的沟通方式形成的陌生心理环境。在此种情境下，在有限的时间内，团队之间如何通过其他有效沟通手段来提升团队效率，对团队指挥和每一位团员来说都是一种挑战；在任务进行中，视觉上的"禁区"给队员造成了非常大的障碍，另一方面也使大家收获了心得。在新情境下，个体的以往经验有可能是当前任务的阻碍。

3. "跨越断桥"和"空中单杠"不仅强调团队合作精神，更是对单个队员勇气和意志力的考验。队员被置身于危险境地，唯一出路就是跨过断桥或者奋力一跃抓住悬在空中的单杠。这两个训练项目模拟了人生中可能会遇到的"绝境"，即环境造成的"绝境"和认知偏差形成的绝望感，危急时刻，人必须抛开一切顾虑，鼓足勇气，奋力一搏。这个项目有助于帮助队员突破心理瓶颈，克服心理压力建立自信，增强自我控制、自我决断能力；同时使他们不是不能做，而是不敢做，不是能力有问题，而是心理有问题；感受勇于进取，不安于现状的心理状态，培养队员敢为天下先，敢于创新，敢于尝试，敢于失败的豪迈精神和勇气。站在九米高空的恐惧肯定是有的，而一旦克服这个障碍，相信那份成就感才更是弥足珍贵，队员就会产生极大的成就感。

4. "过电网"这个项目，看似简单，只需要队友齐心将成员依次不触网地"运送"过去，可是在实施的过程中才深知它的不易，队员们发现，必须要有明确的分工，有效的组织协调，还需要对资源的有效搭配利用，相互间协调的精心操作以及面对困难时应有的态度和做事方式，才能顺利完成任务，而这些也正是教育工作者们应具备的最基本也是最重要的从教能力和素质。任何人的力量都是有限的、渺小的，只有有计划性的合作才是真正需要的财富，才能发挥重大的影响，达到最终目标。

5. "信任背摔"用一个看似简单的小游戏，形象地模拟了社会中人与人之间的信任问题。完成这一训练的前提是高处摔倒的队员必须对下面其他队员建立起足够的信任，而下面的队员也必须建立起我决不会让同伴跌倒的信念。

6. "毕业墙"则是对整个团队意志品质的一次磨炼，全体队员要顺利翻越这堵高墙，不仅仅需要全队的分工协作，更需要每个队员的责任心和奉献精神。

其他拓展训练还包括实弹射击、"团结桥"、"暗室寻宝"等任务，通过这一系列团队任务对教师心理各方面的考验，实现了教师心理素质的整体提升。教师，不仅仅需要具备所教学科的知识储备和教学技能，更需要过硬的心理素质，因为教师的心理素质是其知识和技能转化为有效教学行为的关键和前提。一名合格的教师必须具备责任心和奉献精神，在逆境中奋勇向前的勇气，不断创新学习意识、信任他人、主动与他人沟通协作意识，而这些，在体验式培训中都得到了很好的锻炼。

相关链接：

"以体验培训建设优秀教师团队"实施方案

成都市红碾小学　姚敏

一、活动设计背景

学校改扩建后，师资配置有很大调整，在两年内通过公招引进了8名应届大学生和10名骨干教师，涉及各个学科，在这部分新人中，绝大多数是共产党员，支部党员数由原来的4人增加到13人，申请入党的积极分子有4名。怎样让新人很好地融入团队，怎样让党员树立新时代的党员意识和风貌，在团队中充分发挥先锋模范作用，以党员带群众，建设一支优秀的教师团队呢？通过对学校现状的分析及意见征集和讨论,支部决定请全校普通教师和党员教师一起进行主题为"建设优秀团队"的拓展活动。

二、活动前期准备

1. 支部通过考察选择一家培训机构作为此次活动的顾问和培训师。

2. 支部代表与培训师进行沟通,使对方明确此次活动的设计背景及活动目的。

3. 支部与培训师一起设计活动调查表,对团队的每个成员进行活动前的调查,并将调查结果进行梳理分析,在此基础上制定活动方案。

三、活动预设目标

1. 帮助队员感受体验式学习的内涵和意义;

2. 帮助队员打开思维之窗,增强创新意识;

3. 培养队员对于自我和他人的责任感和信任感;

4. 充分认识高效团队的优势,加强提高学习型团队的学习能力;

5. 培养和增强团队协作意识,提升相互配合,相互支持的团队与整体意识;

6. 提升团队管理与领导的能力,识别高效团队的关键技巧,提升日常工作的技能;

7. 学习正确处理团队在日常工作中的纠纷和争议,保持个体风格并真正融入团队,明确自己作为团队成员的角色和发挥最大优势的自我定位;

8. 从"心"做起,积极地贡献自我的全力,更加用心有效地创造业绩高峰,更加积极地投入工作和生活。

四、活动时间

两天一夜

五、活动地点

能集中食宿的培训基地

六、活动过程

活动以领导团队能力训练和体验式教育技术训练为主,以拓展训练项目和库恩的团队理论相结合的形式达到发掘活动参与者的个人潜能，增强团队凝聚力和教育技能，感受美好大自然的目的。

把团队分成两个小队，每个小队 15 人。各队分别开展活动，在活动过程中解决团队整合问题，如团队的分工，团队的沟通，团队的领导，团队之间的信任，团队之间的相互评价等。培训师随时就出现的问题进行剖析、回顾，需要时进行安全保护知识讲座。

队员的最终目的是体验拓展项目，建设优秀团队，完成整体管理能力和团队合作能力的提升任务。队员们在培训的过程当中，必须认真完成事先确定的培训项目，在不同的地点完成不同的任务，战胜不良坏习惯的制约，克服心理障碍，积极思考、分享成果，实现个人心理素质的提升，实现个人潜能的挖掘，实现管理思想的变迁，实现团队战斗力的飞跃。

第一天：

1.07：30－08：30 前往基地，整队振奋士气，编队安排入住。

2.09：00－10：30 破冰、热身。

两个小队分别完成团队建设：选出队长、确定自己昵称、确定队名队训、自编队歌、设计队徽、制作队旗。

两个小队分别展示团队建设成果。

3. 分小队进行活动

（1）10：30－12：00 互动项目——信任背摔（奠定团队基础）

信任是人与人顺利交往的基础；信任是团队的基石；信任帮助我们提高效率，减少成本；信任帮助我们感受真情，体验无比的幸福；信任同时也表现在我们深邃的内心当中！这，就是自信。

目的：为团队打下坚实的基础，为后续的团队建设工作开好局；让队员了解信任的原因、结果和对象到底是什么，深入人心，进而加强队员之间的信任和责任，训练紧密合作与换位思考的工作态度及思维方式，增进相互了解与沟通；感受自信的巨大力量，明了人需要自信的原因，掌握帮助自己更加自信的方法和手段。

活动小结反思：

①营造团队环境和友好的团队文化。

②团队需要真正的责任。

③团队从信任开始。

④信任与责任的关系。

⑤团体信任缺失的后果。

⑥第三力量的重要内容：自信。

⑦团队工作中，你信任的是谁？

（2）14：00－16：00 互动项目——空中缅甸桥

活动小结反思：

①团队成员个人的卓越，是团队卓越的前提。

②团队工作如何给团队带来效率。

③团队工作的要义。

④团队如何决策。

⑤如何明确团队目标。

⑥如何筛选团队成员。

（3）16：00－17：30 互动项目——偷天陷阱（处理冲突）

活动小结反思：

①团队演化的经典模式。（团队并非一蹴而就）

②团队工作资源的获得和分配。

③创建成功团队的关键因素——冲突处理；团队最重要的存在目的就是融合不同的意见，两个人永远没有冲突，就意味着其中一个可以省略。

④冲突解决办法，实用技巧：建立解决争端的基本原则。

第二天：

1.07：30－08：00 晨练。

2.08：00－08：30 早餐。

3. 分小队进行活动

（1）08：30 - 10：00 互动项目——帽子工厂（沟通技能训练）

（略）

活动小结反思：

①团队也是人。

②如何恰当协调团队成员。

③完整的沟通过程：信息发送、接收、反馈。

④高效沟通的基本步骤：事前准备→确认需求→阐述观点（FAB原则）→处理异议→达成协议→共同实施。

⑤团队如何决策。

（2）10：00 - 12：00 互动项目——巨人天梯（统一价值观）

活动小结反思：

①地狱与天堂的区别。

②个人价值观与团队价值观统一的意义和价值。

③团队成员的个人努力的意义。

认清目标—排除干扰—努力拼搏—取得成功。

④共同的目标和价值观，是人与人精诚合作的根本。

（3）13：30 - 15：00 互动项目——目标市场（团队管理）

活动小结反思：

①为什么团队工作往往会匆匆收尾？

②为什么团队工作往往会迷失方向？实用技巧：学会说服的艺术。

③换位思考对于团队的意义。

④有效的时间管理对于团队的意义。

⑤主动精神在团队日常运作中的意义。

（4）15：00 - 16：30 互动项目——合力越障（检验团队工作）

活动小结反思：

①建立团队效率模型。

②进行团队全面评估、自我贡献评估、队员互评。

③开始行动吧！

4.16：30－17：00此次训练的总结、回顾、提升。

5.17：00登车，返回成都。

七、活动效果自评

此次活动的设计，依照确定团队目标—选择团队成员—组建团队—增进信任—解决冲突—完成磨合—有效沟通—团队激励—团队管理—完成目标的逻辑顺序，符合团队的生命周期及团队建设客观规律。在一个团队中，只有团队成员具备了良好的团队合作技能和技巧，认识了团队的巨大力量，感受了团队合作的高峰体验，收获了团队带来的丰厚成果，团队成员才会具备良好的团队合作精神，进而才可能通过团队创造巨大的价值。

两天的活动密度大，内容丰富，充满挑战，特别是每个项目后由队员间相互启迪而形成的总结反思，通过队员之间的互动，相互启迪，帮助队员感受了体验式学习的内涵和意义，更帮助队员打开了思维之窗，增强了创新意识、自我责任感和对他人的信任感，团队协作意识明显增强；通过活动，队员学习了如何正确处理团队在日常工作中的纠纷和争议，保持个体风格并真正融入团队；明确了自己作为团队成员的角色和发挥最大优势的自我定位；明确了建设优秀团队的重要性；增强了团队精神和团队的凝聚力。

（二）培训效果反思

体验式拓展培训是在培训方式上的大胆尝试和创新，对于参训老教师来说是一次难得的人生历练，教师的激情和斗志在训练中迸发，潜能也得到了充分的发挥，教师之间的团结协作意识更是进一步增强，心理调节和承受能力得到充分锻炼。体验式培训能够让学员真正地感受到：这样的培训形式不仅仅是让我们大家学到解决问题和克服困难的方法，培养战胜困难的勇气和决心，而且学到让大家感受到了对于生活和工作的正确态度以及价值观，此类培训虽然是一个短暂的学习过程，但却能产生永久影响和激励的效果。

1. 在团队沟通中体验协作。

在团队桥、信任背摔等活动中，学员不仅体会到了团队合作的重要性，更对沟通的技巧有了一定程度的体验。这启发我们在教育教学中，也应当相信学生团队的力量，采用小组合作学习的方式，才能完成许许多多个人无法完成的任务。

教师心得：

团队，我们来创造

▲ 教师多元化成长平台建设 ▼

健全的机制、完善的规章是人创造出来的，世界上本没有天生的优秀团队。想想团结桥和电网吧，如果没有分工与合作的精神，如果没有严格的规则意识，如果没有同志间的相互信任，也许我们就会在困难中跌倒，可一旦我们具备了这些团队素质，我们就突出了重重包围，而且面对下一轮的挑战，我们会做得更好。恍然之间，我突然明白了这样一个事实：哦，原来优秀的团队就是这样产生的，我们在不经意之间，已经形成了一个富有战斗力的团队。你是否也明白了这样一个道理：你也是这个团队的一份子，也是团队的创造者？团队没错，错的是没有团队精神的我。想想吧，我为这个团队做过什么？团队是否以我为荣？来，让我们一起创造自己的优秀团队。（苟帮超）

2. 在体验中领会参与。

新课程改革强调参与，强调在参与活动中的完整体验，使学员在强调通过实践和创新活动中，满足学生生命发展的多方面需求。感受一切情绪、情感，满足生命发展的多方面需求。本次培训活动，无疑使教师学员获得了多方面的完整体验，引伸到教育教学领域，无疑会给他们关于参与式教学方式的很多启发。

教师心得：

"天梯"让我们体验到相互支撑的重要性，"毕业墙"则使我们体验到甘为人梯的艰难与荣耀。作为新进教师，整个户外拓展培训以其充满挑战魅力的活动安排，激发了所有新进教师的参与热情，使他们在参与中获得了知、情、意、行等各个方面的完整体验，为他们的人生发展提供了无数鲜活的自我案例。相信所有的新进教师必将在他们日后的从教生涯中，将这种"从参与各项活动中获得体验，从体验中获得发展"的教育理念传达给他们的学生，从而深刻推进整个教育教学改革的进程。（吴宏英）

3. 在解脱束缚中绽放潜能。

体验式培训之所以能够在如此短的时间内创造令人难以相信的成果，正是因为它的焦点直接放在改变人的心态、信念方面，让人们放下自己固有的观念束缚，把那些人们平时总认为的"不行"、"不能"、"不会"、"办不到"、"没有希望"等负面的东西清理掉，让每个人学会向内学习，向内发掘潜能，发现影响我们创造和发展的盲点和障碍，从而把每个人身上的能量最大限度地发挥出来，向外不断挑战自己——"还有其他办法吗"、"我还能干什么"、"我还能不能做得更好"，从而找到更多解决问题的通道。

4. 在挑战自我中体验成功。

空中单杠、断桥……这些极富挑战性的项目是学员们经历了恐惧、犹豫，然后通过战胜自己，挑战而后成功的过程而完成的。对于学生而言，学习的过程也正是如此。在这里我们看到了自我超越对于个人发展的重要意义，而我们的教育教学活动正是要给学生创造这样的机会和可能。

5. 在理性思考中体验创新。

电网、雷区等项目是需要一定程度的理性考虑、统筹安排和创新思考才能完成的。生活本身也就是一个需要思考和创新的过程，在教育中，我们也必须通过活动培养学生学会思考，实现创新思维方式的变革。

　　参与体验拓展只是一种训练，是体验下的感悟，是震撼下的理念收获，但我们能否真正把拓展中的精神运用到实际工作中去，能否真正把在拓展中得到的启示运用到解决日常生活中的困难当中去，还需要一段更长的时间去检验和磨练。总之，教师的综合素质的提高是一个发展的过程，是一项长期而又艰苦的工作，任重而道远。教师，只有实现教师自身的主动学习、主动发展，不断更新理念，拓宽渠道，创新培训模式，综合素质培训的目标才会实现。

第四节　以"关爱教师工程"
成就教师幸福人生

　　教育要以人为本，教师教育更要以教师为本。在教育领域，接受教育的主体是人，实施教育的主体也是人，只有关爱人，充分重视人的生存和发展，教育才成为真正的教育。关爱教师，是贯彻落实"以人为本"科学发展观的核心工作。一支经常沐浴"关爱"的教师队伍，会把"关爱"的阳光洒向每位学生、每个家庭。

　　那么，当"疲惫"成为工作常态，怎样为教师"减负"？如何催发教师内心动力，缓解职业压力，解决教师高原现象和职业倦怠问题？如何关注和提升教师职业幸福感？

　　面对教师心理健康的这些现实困境，关注教师的心理成长，应是我们教师培养的重要任务，也是成为提高教师心理发展水平的必然选择。青羊区教育局局长娄进认为：关爱教师是教育行政部门和全社会永恒的主题。

一、关爱教师是教师队伍可持续发展的需要

（一）关爱教师要克服教师的职业倦怠

教师是办学的主体，因此树立正确的教师观，对教师队伍的明确定位尤为重要。教师是国家教育政策的最终执行者，是学校创造性劳动的主体，是直接育人的教育者，是学生成长过程中最具体、最生动、最形象的榜样。这就使教师必须面对来自政府、学校、家长及社会等多方面的关注，这种关注越重，压力就越大。在这样强大的压力下，教师迫于时间的限制、情绪的影响，无法静心于专业发展，就必然会导致职业倦怠甚至职业发展动力枯竭。

关爱教师的重要意义就在于通过教育行政部门、学校、社会的多方努力，减轻教师的过重压力，为教师提供宽松的发展环境。2003 年，我们对全区教师进行心理问卷调查，调查结果不容乐观。教师群体职业压力过重、职业倦怠明显。中学教师比小学教师心理状况更差，农村教师心理压力更大，班主任心理压力更严重。当前中小学教师的心理状况令人堪忧。

（二）关爱教师要解决教师的现实困难

我们在全区 2000 多名教师的调查中发现，有高达 80% 的教师认为目前工作量过大，51.8% 的教师认为现在的工作状态是"疲于奔命"，62% 的教师渴望得到心理辅导，50.77% 的教师认为继续教育是一种福利和必需，大多数教师认为目前的待遇不令人满意。而在教师最忧虑的问题中占据主要位置的是：没有时间静心思考自己的教学行为；想要"充电"却心有余而力不足；社会要求过高，认同度低；素质教育与应试教育的矛盾；压力过大，等等。正是基于这样一种现实，青羊区教育局提出了以"提高教师的生命质量、生活质量，促进教师全面发展"为内容的教师关爱工程，旨在解决影响教师专业发展的外部因素。

（三）关爱教师应符合教师发展的规律

美国学者斯德菲把教师成长分为预备生涯阶段、专家生涯阶段和退缩生涯阶段、更新生涯阶段、退出生涯阶段。研究者公认，教师职业生涯是分阶段的。很明显，如果我们针对不同阶段的教师给予不同的关注，制定不同的培训计划，将有利于教师更积极地关注学生及自身的发展，迅速进入专家生涯，充分发展更新生涯，完成自我更新发展，有效减少退缩生涯职业倦怠。因此，学校个性化的关爱教师方案符合了教师发展理论的科学规律，是教师专业发展的必需。

二、实施"关爱教师工程"

教师心理健康的维护是一项系统工程，需要社会、教育行政部门、学校、教师个人的通力配合。从外在的行为规范走向教师内在的心理世界，关注教师的心理需求，关注教师的心理成长，做教师精神的关怀者。基于这些认识，我们启动了教师关爱工程，把 2005 年定为教师关爱年，我们的设想是通过由外而内的过程来实现目标——让教师愉快地工作，幸福地生活。

（一）关注教师的心理健康，创设和谐教育环境

为此，我们做了以下工作：

1. 关注改变教师的生存状态，以福利为老教师解压。

为教师解压，就应为他们扫除后顾之忧。青羊区从住房、福利、培训、时间、精神等五方面来关爱每一位教师，让他们愉快地工作和生活。教师，如果没有一个相对稳定、舒适的生活环境势必影响工作心情，这对他们的发展是极为不利的。没有很好的福利待遇，也很难激发教师的工作激情。在社会体制上，还应通过制定政策，提高教师地位，加大教育投入，对教师的工作提供必要的支持和保障，形成有效的支持网络。

关注教师的生存条件，提高教师们的福利待遇，是"关爱工程"的重要组成部分。虽然青羊区目前财力不是很宽裕，但教育局规定：城区学校教师的福利待遇每人每年不得低于 1 万元，村小教师福利待遇每人每年不得低于 5000 元。为了保证这一指标的实现，青羊教育局在 2004 年拿出 1000 万元帮助各学校、各单位还清了以前债务，2005 年，各学校、各单位轻松地全力以赴地实施了"教师关爱工程"。

此外，福利作为教师工资的一个补充，在西部地区，城镇教师每年

1 万元、乡村教师每年 5000 元，这是福利的低限，还应该随着物价的提高，生活质量的提升，以每年 20% 的幅度逐年递增。这样才能为教师提供物质上的基本保证，让他们能在生活上没有后顾之忧。

2. 构建区、校、社区系统的健康网络。

设置区、校心理咨询室和社区教师沙龙，及时关心和帮助教师的心理冲突、心理矛盾，帮助其分析冲突原因，消除心理阴影。2004 年，我们对全区几千名教师发放了调查表，了解教师心理的种种问题并力求探明产生问题的原因。通过对调查表的分析研究，采取多种措施逐步减轻和解决教师心理问题。我们还号召有兴趣的教师去考心理咨询师，学习费用由教育局、学校、个人各承担三分之一。通过这种方式，使教师能客观、科学地认识自我、调整自我，学会驾驭压力，了解知道应对压力的方法，合理调节情绪，保持心理平衡，积极与人沟通，培养和谐的人际交往能力，达到逐步减轻压力的目的。此外，我们还要求各校建立学校心理咨询室，对学生、家长和教师开放，一方面学生心理问题减少了，相应地也缓解了教师管理的压力。

3. 优化制度管理，营造和谐、宽松的教育文化。

从教育行政部门、培训机构到学校建立相应管理制度，渗透情感管理，关注教师工作状态，激发自主发展动机；加强文化管理，营造自主发展氛围，营造和谐、宽松的校园文化环境。提高校长的领导水平，提高校长的领导艺术。通过校长沙龙，交流"以人为本"的管理经验。提倡学校开展多种文化艺术活动丰富教师精神生活，缓解教师工作压力。

4. 重视教师的身体健康。

身体是工作的本钱，身体健康是心理健康、事业发展的基础。重视教师身体健康，是青羊教育"关爱工程"的首要任务。为此，仅 2005 年，教育局就从紧张的教育经费中抽出 130 多万元，为在职和退休的所有教师每人提供了一张健康卡。用卡每人可进行价值 370 元的健康体检。

此外，我区还率先在全市把早上的上学时间推迟半小时，增加运动时间半小时。尽可能地安排活动让教师放松，是帮助教师减轻压力、保证身心健康最行之有效的办法，以后还将每天挤出一节课的时间，让教师"动"起来，让教师每天有时间坐在咖啡馆里聊天，让教师经常参加活动，给他们希望、舞台、方法、鼓励，让每位教师事业、家庭都幸福，才可以保证教师与学生一道共同发展。

（二）关爱教师的专业发展，为教师自我价值的实现提供各种平台

提供多种学习条件，搭建多层次的专业成长平台，促进教师专业发展。专业发展，可以激发教师的创造力，实现教师的自我超越，使教师看到人生的生存意义，从而对教育生涯充满信心。青羊区教育局促进教师专业化发展的主要做法有以下几点：

1. 树立先进的培训理念。

长期以来，我国教师教育的焦点主要集中于教师在学科知识领域、教学技能上的培养和训练，更多关注的是专业发展，而对教师的心理发展在培养计划中没有引起足够的重视，这使得教师教育存在人文关怀的盲区。教师的心理成长不是一个自然成熟的过程，它要求采取有针对性的措施帮助教师关注自己的心理状态，掌握完善心理素质的方法，将心理素质的培养贯穿于职业生涯之中，促进教师的全面发展。我区力图通过"五还给"的研究和实践，即把课堂还给学生，把教研还给教师，把学校还给校长，把质量评估还给专家，把教育评价还给社会，逐步形成学校"自主管理、自主发展、自我约束、社会监督"的机制。在这一前沿领域的研究中，教师的专业素质得到了显著提高；使教师培训的过程成为教师人力资源开发的过程，成为教师专业成长和专业发展的过程。

2. 丰富培训的体系。

充分挖掘和开发培训资源，初步构建起校本培训、继续教育、外出培训、终身教育四级培训体系，满足不同层次和不同类型教师的实际需要。以实验小学教师发展学校为代表的校本培训更加关注教师作为人的素质的全面发展；在青羊区教育研究培训中心承担的教师继续教育中，

除对教育教学科研的培训外，还增加了"学会感动、学会感激、学会感恩"等为内容的专题培训，培养教师高尚的道德风尚；为进一步开阔教师的视野，教育局为每位教师发放了深培卡，凭此卡教师可分期分批参加教育局组织的到北师大、华东师大等学校的理论培训，并派他们到北京、上海及沿海发达地区学校蹲点学习；凭此卡，教师还可享受终身教育服务，可在青羊社区教育学院免费选修三门课程，进行学历教育享受八折优惠，鼓励教师成为终身学习的榜样。此外，我们还派骨干教师、教研员和校长到北京、上海的高校脱产学习，派校长到发达地区挂职锻炼。城内教师、干部和村小教师、干部互换工作岗位，也都是教育局为干部、教师提供的专业发展机会。

我们为教师、教育管理者干部提供多样学习条件是为了让教师、干部教育管理者具备广阔的知识背景、教学背景，促进教师、教育管理者干部全面透彻地理解教育问题，在教学过程中左右逢源，得心应手，从而引导学生学好知识，练就本领，成为社会需要的人。

3. 变革培训手段。

通过中央电教馆远程教育模式，青羊区中小学数字图书馆、"E网卡"、青羊教育信息网、因特网等载体，为教师的交流、自我发展提供了更多平台；通过校长沙龙、青年教师沙龙等形式，让教师在宽松的交流、碰撞中受启发，有收获；在全员培训方面，我们尝试菜单式的培训，使教师培训更具有针对性和实效性，培训手段的多样化，形成了教师培训"超市"，使教师培训"随时、随地"成为可能。

教育局为每位教师发放了书香卡，教师可凭卡到指定书店买书打折；关爱教师专业发展，教育局还为每位教师发送了免费的E网卡，用此卡可以在电子期刊上查阅国内最近十年的核心教育刊物15000种，这种电子期刊还有很强的信息搜集、链接功能。输入关键词后，可以很快得到系列的分类资料。用E网卡还可以查阅电子教学档案库。库中上千位优秀教师、上万节优质课的录像资料随时可以供教师学习。E网卡的运用大大开阔了教师的视野，拓宽了教师获得信息的渠道。

（三）搭建多层次专业成长平台，建立激励机制，激发教师发展的内在需要

促进教师专业发展，也就是为他们提供展示自己才能的舞台和机会。提供多样学习条件是教师成长的外因，是外力推动教师专业发展。而教师专业发展更重要的因素是启动教师自身积极向上，奋发努力的内需，让他们在专业成长过程中产生超越自我的冲动，让他们在专业成长过程中找到生命价值的乐趣。

1. 建立多层次发展平台，促进教师个性化发展

我们以青年骨干教师研修班、名师发展学校、特级教师工作室这三个平台的搭建为载体促进教师可持续发展。通过关注个体，分层管理，尊重教师的自主选择和发展愿求，和教师共同规划其发展，让每一个教师个体都能找到自己的位置，并在此基础上有所发展，使教师通过参与课题研究促进研究能力提升，通过回归课堂主阵地促进实践能力提高，通过自我反省发展反思能力。唤醒教师内心的成长渴望，消解教师专业发展的"高原现象"和职业倦怠，促进名优教师更高层次的个性化发展。提升教师生命质量，提升教师专业水平；促进教师全面发展、专业发展、个性发展、终身发展。

2. 实施多元评价改革，提升教师职业幸福感

新课程背景下，什么样的教师是一个好教师，也就是说用什么样的标准去评价教师，是非常重要的问题。只有确立一个科学、合理的评价标准，才能激发对职业的认同感。有效的教师评价对教师的教育教学工作起着导向、监督、激励、诊断和发展的多重功能。新课改所提倡的核心理念是为了每位学生的发展。如果我们没有做到首先着眼于每个学科每位教师的发展，又怎么能做到着眼于每位学生的全面发展呢？为此，青羊区开始了重新构建教师评价机制的研究。

案例

多元评价和奖励方式的创新

成飞小学将各种标准划分为18个奖项，叫多元目标奖，采取正面激励的方式，鼓励每个教师根据自己的情况，确定适合自己发展的目标。这18个标准和奖项涉及学校教育教学等全方位的工作，具体有：师德标兵、班级管理标兵、班级管理先进个人、爱心育人奖、飞跃奖、教坛之星、科研标兵、科研积极分子、教学质量标兵、教学质量奖、教学质量提高奖、体育达标奖、降低近视率奖、创新奖、素质教育奖、优秀教研组长、优秀年级辅导员、服务明星和特殊贡献奖。

我们还重视评价后奖励方式的创新。我校每年利用教师节前对教师实行"多元目标奖"的认定和奖励时，我们做到了"七个一"：照一张获奖相；上一次橱窗光荣榜；登一次校报；开一场表彰会；领一份学校的获奖证书；收到一份奖金；优先获得当年的学习和进修机会。虽然，这小小的"七个一"，看似简单，但是对于过去单纯是一些的经济和物质的奖励来讲，这些奖励形式满足了教师更高层次的需要——精神的需求和满足。

由于评价的改革，学校教职工积极性得到了极大的调动，人人都在学校中找到了自己的位置，人人都有一种被肯定和重视的幸福感，使人人都尝试到了成功的喜悦，人人都希望每天有新的收获和进步。教师的改变，必然促进学生和学校的全面发展。(成都市成飞小学任艳辉)

青羊区通过"关爱教师工程"的实施，建立起教师队伍全面发展的激励机制。这些机制着眼于与充分调动广大教师的积极性、主动性、创造性，激发教师持续的自我发展、全面发展、个性化发展、终身发展意识，提升了教师生命质量，成就了教师幸福人生。

第五节　促进教师专业化的均衡发展

促进义务教育均衡发展已经成为近年来教育发展进程中的最强音。教师是均衡发展的核心要素，只有教师专业素质均衡发展了，学生才能全面发展，只有学校得到均衡发展了，教育才会均衡发展。

教育均衡，校长是关键，教师是基础。要实现城乡教育的均衡化发展，作为教育行政部门，关注的重点应该是教师。农村学校教师队伍素质的提高，才是教育均衡发展的一大关键性难题。

在这一过程中，青羊教育始终关注着实现城乡教师均衡发展的几个关键问题：如何让教师真正地"流动"起来，如何让教师的"流动"成为信息资源的流动，成为先进教育观念和先进教育技术的流动，而不是简单的人员流动；怎样使教师交流机制从简单的"输血式"迁移，转化为迁入学校自身的"造血"机能；怎样从关注外在的调配转变为实现教师专业内涵的发展。这样以优质教育活动激活区域教育均衡发展质量的大局，以全区师资水平的整体提升破解素质教育和教育现代化的关键问题，整体深化素质教育，实现全区学校、教师、学生的全面可持续发展，让城乡子女共同在一片蓝天下享受公平教育和优质教育。

青羊城乡教师均衡发展实践

随着均衡教育的不断深入，青羊教育始终不懈地抓住师资队伍建设这一关键词。从 2005 年的关爱教师年到 2006 年的教师发展年，始终坚持实施"活血、输血、换血、造血"的农村教师专业发展工程，以帮扶支教激活教师发展的一池春水，以优质资源的共享、共生盘活城乡发展的满盘棋，以校长和专家引领校本教研，从根本上改变学校造血功

教师多元化成长平台建设

能，促进农村学校和薄弱学校教师的快速可持续发展。

（一）以基础制度作保障，让干部、教师动起来

我们实现涉农学校教师队伍质量提升的初始办法是向这些学校派出定期服务的教师，将城区内的管理干部和骨干教师派到涉农学校工作，推行城区教师到涉农学校定交流的制度，建立校长任职交流互动机制，调动涉农学校校长到城内学校"留学"，城区窗口学校选派干部到涉农学校任校长，使更多的优秀校长轮换到涉农学校、薄弱学校开展工作，人员交流涵盖原两乡的 11 所学校，百分之百地覆盖了涉农学校和薄弱学校；同时，把涉农学校的骨干和后备干部派往实小、泡小和石室联中、树德实验中学等城区强校"留学"。以制度为保障，引导学校干部教师从城到乡，从乡到城地流动起来，既加强了学校间的教师交流，又锻炼了管理干部。

政策实施早期体现出了"沙丁鱼效应"，部分定期服务教师通过示范课、观摩课、评课、讲座、研讨会等方式，将新的教育教学模式、新的课程理念带到涉农学校，扩大了涉农教师的专业视野和发展空间。但是也出现了新的问题，能力较强的交流教师在服务期满，离开学校后，良好的教育效果被中断，受援学校的家长、学生产生了不满意的情绪；还有少部分的派驻教师，自己就是派出学校不愿意留下的人员，到了支援学校不但没有带去先进的、积极向上的工作理念，反而给对方学校增加了管理的难度。派出的管理干部，也有因为学校整体管理环境的差异而出现"水土不服"的。通过对这些现象的观察、分析，我们认为，单单依靠教师的人员流动来换取学校教师队伍质量提升的做法，是不够科学或者说是不全面的，"输血"解决了一时之急，却没有从根本上解决薄弱学校师资队伍建设的源泉问题。

（二）以优质环境为条件，让干部、教师留下来

为进一步深化全区教育均衡发展，深度推进我区城乡教师均衡配置的政策研究与实践，青羊区委、区政府确立了"理念创新、部分试点、全面推进"的深化教育改革和均衡发展的螺旋递进式思路，区教育局

也开展了认真的研究和经验总结推广，全方位营造良好的教师均衡配置大环境，从各个方面进一步促进了城乡均衡师资配置工作的深化。

1. 扩大学校办学自主权，增强涉农学校吸引力

"把学校还给校长"是青羊区推进教育改革的一项举措，进一步扩大校长的办学自主权，是调动广大校长办学积极性的一项重要举措。为此，我区以草堂小学和文翁实验学校为试点，推行了相关的改革措施，诸如扩大校长人事权、招生自主权、下放经费分配权、校本课程设置权和教育教学评价权，取得了良好的收效。我们率先在涉农学校进行校长职级制的试点，评定出职级并与职级工资挂钩，为全区推开校长职级制奠定基础，也为吸引优秀管理人才到涉农学校工作创造了良好的工作和待遇环境。此外，为进一步提升我区学校，尤其是涉农学校的办学水平，区教育局还以推进学校文化建设为导向，给予涉农学校智力资源和物质资源的双重支持，充分调动干部教师的工作热情，同时扩大涉农学校的影响力和吸引力，广泛吸收城区教师主动投身于涉农地区教育事业。

2. 多形式促进教师发展，城乡教师专业成长同质化

（1）组建"学校发展共同体"与"教师发展联盟"

当校长、教师的流动在基础制度保障下成为一种常态时，就能较好地促成了各类学校优秀师资的整合、交流。学校在错位发展的过程中又产生了新的不均衡，如何打破学校之间的隔阂，充分发挥名校优质教育资源的辐射作用，使城乡学校牵手，双向互动发展，彻底打破城乡学校界限，校与校界限，共享优质教育资源成为我们面临的又一新问题。

为使先进的理念、高效的管理、优质的人力资源不再为少数的城区强校所独有，使均等同质的优质教育服务惠及每一个学生，我区将54所中小学校，依据"优势互补，互惠互利，资源共享，共同发展"的原则，将54所中小学校组建为7个城乡学校发展共同体，每个共同体内既有城区学校，又有涉农学校，既有优质学校，又有薄弱学校，实行各"共同体"召集人联络制，组织各学校相关干部、教师开展活动，

促进不同学校间教育信息和资源占有量的相对平衡，进一步消除城乡教师知识资源的地域差异，"共同体"开展的主要工作有以下几个方面：

①学校协作。共同体内各类学校充分开展学校管理、文化建设、教育教学、教育科研、教师培养等各方面的交流与协作。通过集体备课，举行观摩课、示范课，开展听课评课、德育或教学课题研究等形式，让教师群体在思想、理念、教学模式、教学方法上进行交流、碰撞、提高。

②校长沙龙。共同体内和共同体间定期、不定期召开校长沙龙，开展关于师德建设、师资培训、教育科研、常规管理、校本课程、评价制度、文化建设和特色打造等方面的经验交流和问题探讨，促进各学校管理者更新教育理念，提高管理水平。

③教师结对。在共同体内，跨校师徒结对、跨校兼职、跨校任教、开放听课、共同教研，使城乡教师得到同幅提高、同步发展。

"学校发展共同体"的运作实现了城乡学校之间资源共享，同步共谋发展。校际间的交流与合作，良好研究氛围，无疑为涉农学校教师搭建了全新的学习平台，构筑了专业成长的快速通道。

此外，各学科还依靠"共同体"建立起了"教师发展联盟"，其做法是集中各学校各学科的教师组建"学科教师发展联盟"。联盟以新课程改革实践探索为载体，以由学科骨干组成的学科联盟组为依托，以"多元、协作、共荣、共升"为宗旨，以灵活、多样、实效的活动凝聚联盟成员，形成学科研究文化，带动本学科所有教师在实践中成长进步。联盟的成立为各个学科的教师建立了一个学习、交流、研讨的组织，形成了一个个促进人才快速成长的"磁场"。

（2）创立"特级教师工作室"与"名师发展学校"

在行政措施的推动下，一定程度上扩大了优质教师资源的共享。但是当我们深入到学科课堂里，却发觉涉农学校的教师在均质的教育资源条件下，发展问题仍有难题：由于学校的师资水平和办学规模的限制，一些学科缺乏"领头雁"，教学研究"孤立无援"，课堂教学效率低下，教师专业发展缓慢。我们认为，加强教师培训和引领发展，是提高城乡教师，尤其是涉农学校教师队伍素质，提高教育教学质量，推进基础教育均衡发展的必然选择，也是减少学校教师师资水平差距的有效措施。为此，我区教研培训部门采取多种措施，创新培训策略，努力提高薄弱学校、涉农学校师资水平，着力培养"本土化"的名师。

我们成立了"特级教师工作室"和"名师发展学校"，集中荟萃了全区 31 名成绩斐然的特级教师，对优秀教师的成长予以指导和帮扶。通过"名师发展学校"对区域内的名师进行管理、培养，探索教师培养新机制，探讨具有市区学科带头人、教育专家、市优秀青年教师称号的教师的发展途径，丰富和完善我区的教师培养体系。组织名优教师讲师团，根据各涉农学校实际需要，送教上门，带动和促进涉农教师的专业发展。

（3）学科带头人与涉农学校新教师"一帮一"结对

针对即将走进涉农学校的新教师，我区采用学科带头人"一帮一"结对模式。新老师在参加工作的头两年是成长的黄金期，涉农学校本身师资较弱，仅靠学校自身力量，培养难度很大。于是，教育局采用了学科带头人"一帮一"结对模式，建立师徒捆绑发展的教师成长机制，使新教师尽快入格、升格。师徒正式签订"学科带头人与新教师师徒合同"，对师徒的权利、义务、职责通过协议的形式加以明确，并把新教师的成长状况作为学科带头人工作成效的考核条件，以此促使新教师尽快成长。每一位学科带头人固定联系一名涉农学校年轻教师，实行一对一的结对帮扶。对涉农学校年轻教师全覆盖，提升了涉农学校新教师教育教学水平。

（4）学科导师引领骨干教师成长

由区教育专家协会和教研员组成导师团，对骨干教师进行"一对一"跟踪培训。导师和学员一起"查新"，使学员学会学习；指导学员读教育名著，使学员学会反思；带学员参与课题，使学员学会研究。实践证明，采用导师引领模式，加快了骨干教师向名优教师发展的成长速度。几年来，导师团先后培养了近 700 名骨干教师，其中近 40% 的骨干教师走上学校管理岗位或成长为市、区学科带头人，为我区整体教育发展奠定了雄厚的人才基础。

3. 改善教师职业环境，提升教师幸福指数

在深入推动教师资源均衡配置的过程中，薄弱学校与城区强校教师的收入水平还存在着差距，这不利于教师资源的合理配置和流动。我区近年来陆续从城内学校抽调了一些骨干校长和教师到涉农学校任职、任教，如果他们的收入减少，委派后是否能留任就成了问题。我们体会到，教师资源均衡配置一定要研究制定配套政策，如工资待遇、人事编制、社会保障等，进一步增强政策的可操作性。只有如此，才能使在涉农学校工作的教师，他们的薪酬待遇并不会因为到涉农地区而降低，反而会有所提高，进而提高其工作与教学的积极性。所以发挥好经济待遇的杠杆的作用，辅之以合理的福利配套政策和措施，提高对涉农学校教师的津贴，提高涉农和薄弱学校教师的收入水平，抑制教师收入的差距，就可以有效遏制教师单向流动趋势，而使城乡、校际之间的教师资源的配置真正趋于相对均衡。基于这样的思考，我们采取了"一个保障"和"三个倾斜"的措施。

相关链接：

一个保障——保障工资待遇。从区财政争取到专项资金，用于补贴交流委派到涉农学校的干部教师。只要是涉农地区的教师，在基本工资待遇保持不变的基础上，再给予每人每个月 300 元的专项补贴，以保障交流干部教师的收入与城区学校持平或略高于城区学校。另外，在涉农地区实行校长职级制，按照规定，具有相应等级的校长，在本区学校间交流任用，不受地域、学校规模、学校等级的限制，职级工资不变。

"三个倾斜"指福利待遇倾斜、评优倾斜和评职称倾斜。申报特级教师、省学术技术带头人、市教育专家、市学科带头人和市级以上模范、优秀教师（教育工作者）的，应在薄弱学校、涉农学校任教 2 个

学年以上。

(三) 以管理制度创新为先导,让配置机制活起来

在教师定期服务流动和分派优秀教师资源工作中,因为教师人事关系的约束和"校际间"人才壁垒等原因,造成教师流动不畅的问题也逐步显露出来,影响了区域教师资源均衡配置的进一步深化,特别是优秀教师向涉农学校的流动出现了阻力。由此引发了我们进一步的思考,要实现教师资源共享,建立长效、科学、合理的配置机制,首要任务是解放思想,转变传统的人才观念和管理观念,破除传统的人才单位所有制,变人才的单位所有制为区域共享机制,从根本上解决教师的"人才身份"归谁管的问题,由区内专门的教育人才管理服务中心来实现对学校教师资源的科学调配,促进教师在城乡间有序地流动,科学地配置。为此,我们开始思考如何解决"单位人"和"系统人"的转变方式和途径。

成立教师资源均衡配置的管理机构——教育人才管理服务中心(以下简称"中心"),改变现有教师聘用和管理机制,把全区教职工的人事关系纳入中心统一管理,统筹配置人才资源。中心与教职工签订人事聘用合同,行使人事聘用权;学校与教职工签订"岗位管理合同",实行岗位管理制度,行使岗位管理权。这样一来,教职工的人事关系将不受现工作学校的约束,彻底打破了"校际间"人才保护壁垒,从制度上弱化了学校对教育人才流动的限制,实现了优质教师资源的区域内共享,破解了教职工全员流动的瓶颈问题,把教职工的身份关系由"单位人"转变为了"系统人"。

中心负责全区公办学校教职工的劳动人事管理和教师专业技术职务评聘工作,负责统一派遣学校交流教师工作,以及组织开展教师培训工作等。中心成立后真正地发挥了教师流动的发动机和调节器作用。每年由中心根据学科、学历结构、职称结构、骨干教师比例等统筹对学校下达交流指标。教育局制定了《青羊区教师到涉农学校定期服务的管理

办法》，明确规定了教师交流制度，要求定期服务的教师要着力帮助受援学校提高教育教学质量，推动教育科研，促进学校全面发展。在确保各学校教育教学质量不受影响的前提下，遵循"尊重选择、鼓励奉献、适度流动"的原则，制度性地推动城区强校教师向薄弱学校、涉农学校流动，实现城乡教师的深度融合。

青羊区以教师资源配置激活了区域城乡教育的均衡发展的一池春水，以优质教师资源的共享共生机制盘活了城乡发展的满盘棋，以校长交流机制从根本上提升了薄弱学校办学效益，以名师引领工程改变增强了涉农学校造血功能，以配套福利政策保障了城乡教师幸福人生，促进了涉农学校和薄弱学校、教师、学生的可持续均衡发展。

案例

王江南原是胜西小学的教师。从城中心名校到偏远的涉农学校服务已经一年多了。"经历是一笔财富，到涉农学校是我无悔的选择；在成就了学生的同时，我们也成就了自己。"刚刚被评为青羊"教育均衡优秀志愿者"的他动情地道出了自己的肺腑之言。学生都很喜欢这位城里来的阳光老师，说城里老师的课新鲜有趣；老师们更是把他及其他交流的教师当成了宝贵的学习资源，他们的每堂课几乎都成了众多老师的观摩课。因为他们觉得这些教师知识面广，理念先进，勤于学习又动手能力强。

案例

那些阳光灿烂的日子
——得荣支教感悟

2006年9月12日，我们青羊支教一行七位老师怀揣着对大山那淳朴的向往，从成都平原出发，历经1030千米路程，翻越20多座大山，来到了得荣。我们已经是第七批来得荣支教的了，恰巧又有七个人，所以又被喻为"七剑下得荣"！走进得荣，就走进了另一个世界，当这一切的一切都以一种最纯粹、最质朴的方式呈现在我们面前时，它带给我们一种强烈的心灵震撼和一段值得永久珍藏的记忆！高原美丽的风光掩盖不了贫困的影印，面对生活简朴的学生，面对愚昧落后的现状，我的感触太多太多……无论是衣食住行还是精神心理，他们需要太多的关爱。作为一名支教老师，我们应该为当地学校的教学注入新鲜的血液，为新课程的实施带来新的理念、新的方法、新的活力，更要传递一种来自远方的爱。当我看到成绩优异的四朗曲措和好学的扎西志玛因为家庭困难即将面临辍学时，我立刻四处联系朋友帮助他们解决学费困难，让他们得以顺利完成学业；同时自己也向他们伸出援助之手，解决他们的生活困难，让他们得以安心学习。我想，世上最不可缺的就是爱，是支教生涯使我对爱有了更深的理解，我无悔于我的抉择。我将以我炽热的爱感染身边的每一个人，把"爱"传递到每一个被遗忘的角落……

（泡桐树小学陈茜）

反思与展望

几年来，青羊区在师资的区域均衡方面不断摸索，不懈推行改革，从最初的简单定期服务到校际间教师的互派互学，到片区教师的共同发展、同步提升，再到全区教师资源的统筹配置，其间有成功也有挫折。从政策强制性流动到强制性流动与引导性流动相结合，到引导性流动为主、强制性流动为辅，再到引导性流动，每个阶段都进行了总结和反思，每走一步都解决了一些问题，也都遇到了新的矛盾。为此，我们准备从以下方面深化研究实践：

（一）依托社会专业机构，实行"教师综合素质达标认证制度"

对教师专业水平、师德水平等综合素质进行公正的评价，划分出几个等次。为教师资源配置提供参考和依据，保障均衡质量和效率。

（二）淡化资格意识，实行"岗位薪酬制"

按照岗位职责和岗位作用分配报酬，彻底打破工作年限长的、职称级别高的教师，待遇必然高的局面，能力强的，进步快的，所在岗位发挥作用大的，报酬多，能力差的，发挥作用小的，报酬少。充分调动教师工作和追求进步的积极性，实现教师素质的整体提升。

（三）疏通出口，推行"离岗培训"制度

教师出口不畅通，也是影响教师队伍素质快速提升的重要因素。疏通教师出口，把存在技能、态度、思想等各方面问题的教师从学校中分离出来，进行专业的培训再造和集中学习，进一步提升教师整体素质。

（四）改革评价，探索实施区域统筹的动态评价

区域统筹动态评价是指以教师自身发展为出发点，把教师纳入到大于单个学校的教师集体中进行统一评价，在这种评价结果的基础上实施各种赏罚奖惩措施。探索这种制度的目的是从教育全域发展和教师共同发展的角度，为教师提供发展标准和模式，促进教师自我发展和快速成长。

在取得成绩的同时，我们也清醒地认识到目前工作中存在的困难和不足：①与经济发达地区相比还有很大的差距，还需要不断在硬件和软件上加大投入；②离实现区域内部深度均衡的目标还有较大差距，任务还非常繁重；③素质教育、学校文化建设亟待纵深推进。对于存在的困难和问题，我们将采取切实有效的措施加以解决，推进教育的持续、快速发展。

▽ 第五章　教师教育特色推进 △

第六章

➡构建教师成长区域网络

　　教师教育要遵循教师成长的规律，关注区域内不同教师在年龄、学历、经历、性格等方面的层次差异，满足教师具有个性化的发展需求，建立常态化的培训机制，为教师提供经常性的持续培训，让教师有选择学习时间、内容和形式的机会，为教师提供多元多层次的发展平台；同时教师的发展离不开课堂，教师的成长要在对教学的反思实践中得到体现，教师培训要更多地关注教师的实践智慧的发展。这需要我们在教师培训的机制和网络上进行创新。

第一节 构建多元多层次的学习共同体

青羊区近十年来探索建立的区域教师培训网络——多元多层次学习共同体，为走出县级区域教师培训的困境进行了一系列的有益探索。

青羊教师教育为满足教师多元化的发展需求，为教师提供常态化的持续培训，让教师有选择学习时间、学习内容和学习形式的机会，构建了县级区域性的教师培训网络——多元多层次的学习共同体。

一、"多元多层次的学习共同体"在教师培训网络中的体现

教师培训网络是根据由共同的培训目标和各自不同的培训功能，按照一定的规章制度，相互补充、相互协作，并由联结在一起的实施教师培训任务的培训机构或培训基地组成的。此外，教师培训网络还可以在县级教师培训机构指导下通过校本研修等多种形式进行。在县级区域内，由于教师素质的层次性，各学校教育发展的不平衡性，师资基础的差异性等决定了要有一个有质量的，上下统一、左右协调的工作网络来满足这些要求，以充分利用各方面的教育资源，确保培训质量；同时，为减少工作的盲目性、随意性和形式主义，加强各方面的沟通和交流，也需要建立一个上下一致、信息灵通、指挥灵活的教师培训网络。

"学习共同体"是指一个由学习者及其助学者共同构成的团体，他们彼此之间经常在学习过程中进行沟通、交流，分享各种学习资源，共同完成一定的学习任务，因而在成员之间形成了相互影响、相互促进的人际联系。在青羊区的教师培训共同体中，所有成员（包括教师、教研员、管理人员、教育专家和教育辅助人员）具有平等的话语权和参与权，他们相互倾听、相互理解、相互启发、相互协作、共同发展，在对话中获得理解和沟通，获得精神的交流和成果的分享。在其中，教师

合作学习，平等互动，共同研究，每个成员都能充分张扬自己的个性，实现各自精神的发展。

成都市青羊区从 2002 年起，根据本区教师积淀的实际，尊重教师的自身需要，组织协调全区各方面的力量，充分整合区内优质教育资源，组织构建起区域内的教师培训网络——多元多层次的学习共同体，包括学校、片区联组、区级三个层面的多种类型。它是从教师自身的需求出发，满足不同教师的发展需要，尊重教师的个体差异和个性发展要求，调动教师的积极性，促进其主动发展；改变过去单一的自上而下的教师教研培训模式，为全体教师提供展示自己、表达自己、提升自己的舞台，它是多层次的、网络状的立体结构。全区教师在这平台上合作交流、平等互动，实现心灵的碰撞和精神的分享。

青羊教师培训网络是一个多元的体系。一方面，在人员构成上是多元的，它涵盖了区域内各个学校、各个学科的所有教师、学校管理者以及教育研究人员，这些成员有着不同的爱好、经历、志趣、修养等，决定了我们构建的学习共同体是多元的。另一方面，各级各类学习共同体的研究形式、所解决的问题等也是多元的。要很好地研究解决新课程背景下各种复杂的问题不是某一个或几个一元组织能做到的，必须要有一个强有力的多元化组织。

青羊区教师培训网络又是多层次的而不是单一结构的组织。多层次的学习共同体包括了学校层面、片区联组层面、区级层面共三个大的层面的学习共同体，而各层面的学习共同体又因组成人员和研究对象的不同而形成若干不同层次的学习共同体，它们一起构成了区域内多层次、网络状、立体式的教师培训网络。

青羊区的多元多层次的学习共同体的构建是基于研究解决新课程背景下区域性教学问题的需要，这种需要就是我们构建多层次学习共同体的出发点。每一个学习共同体的最终指向是研究解决新课程背景下的教学问题，通过对新课程背景下的教学问题的研究解决，使教师在具体的教学实践中得到成长，实现区域内教师培训的常态化、经常性和持续

▲ 教师多元化成长平台建设 ▼

性，实现教师有差异的个性化成长。

二、各层面学习共同体的关系

县级教师培训机构创建学习型组织，一方面要开发学习的能力；另一方面要强化生存能力，提高培训者的综合素质。改善群体的知识结构，以此拓展培训者的功能，使其成为知识资源、知识向导、知识载体、知识顾问、知识促进者和知识创造者。这样不仅可以为师资培训工作的改革注入新的活力，在学习型社会中起先导和示范作用，同时对县级教师培训机构的自身建设也有一定的促进作用。

我们创建的多元多层次学习共同体中，各层面学习共同体在人员构成、研究解决的问题、运行的方式、制度保障、监控与评价等方面既具有相同之处，也各具特点，各层面之间优势互补，相互渗透、融合，相互促进，共同提升。研究的最终指向是学校层面的课堂教学。

在多元多层次学习共同体中，校级层面的学习共同体、片区联组层面的学习共同体、区级层面的学习共同体逐级递升，相互联系。在解决问题的范围和难易程度以及承担的教师培训任务各有分工，其中区级层面的学习共同体是县级区域内教师培训的高级层次，是龙头，处于首要地位，是学科教研和教师培训的中心。它负责制订宏观的规划和年度计划，但是学校层面和片区联组层面在制订自己的研究项目和培训计划是具有完全的独立性和自主权，区级层面的学习共同体更多的是提供智力支持和服务保障。

三、多元多层次学习共同体的特点

多元多层次的学习共同体是在新课程改革的背景下，在学科教学问题研究的过程中应运而生的一种新型的学习型组织结构。它的出现不仅继承了原有的校、区研培模式的优点，更重要的是它融合了新课程的先进教育理念和思想，满足新课程教学研究的需求，更加关注教师个体经验的呈现和群体智慧的发挥。通过这样的学习共同体，我们不仅实现了对新课程教学问题的研究，而且实现了研究对学校、教师的发展促进作用。

　　学习共同体的多层次结构必然使其具备多功能作用。它为教师提供了多样的选择性，有效地转变了对教师发展的目标取向、方式单一的状况，为教师提供了多样化的问题研究方法、途径，促进教研形式和内容从以往的实体思维传授（即已有的现实研究成果的传达）转向实践思维（即重视教师个体的实践经验和个性感受），推动不同层面的教师个性发展，推动不同层面的教师对教学问题进行深入的分析和研究同时，真正实现每位教师亲身参与，达到了通过具体的问题学习、研究，消除困惑，解决教学问题的目的。这样的研究平台在新课程理论背景下是具有较强生命力的。

　　我区构建的基于学科教学问题解决的多元多层次学习共同体具有以下特点：

　　1. 校本研究是学习共同体的一种形式，我们构建的学习共同体是多元、多层次的，我们关注的不仅是发挥"以校为本的实践共同体"在教师发展中的作用，更重要的是与片区层面的"校际互动的专业共同体"相互融合，形成良好的教师发展"生态环境"，其出发点是满足教师的需求，它的运作机制是变自上而下为自下而上，变演绎思维为归纳思维，变统一规定为个性选择，变被动接受为主动探究，较为有效地化解了"校本"有可能出现的低层次运作，变成本校机械培训的风险。

　　2. 它有机地整合了区内的优质教育资源。多元、多层次的学习共同体整合了我区的优质资源，弥补了不同学校办学条件、师资力量、研究水平、人力资源等方面的差异，有效地贯通了历史积淀与现实水平，对新课程教学问题的研究形成了合力。

　　多元多层次的学习共同体整合了我区的优质资源，弥补了不同学校办学条件、师资力量、研究水平、人力资源等方面的差异，有效地贯通了历史积淀与现实水平，对新课程教学问题的研究形成了合力。

　　3. 学习共同体中教师的学习、研究、实践、反思融为一体。各级学习共同体的研究生发于实践，研究的目的是解决教学中的实际问题，提高课堂教学效益。教师在实践中研究，在实践中学习提升，在实践中反思，在整个研究过程中，教师的学习、研究、实践、反思融为一体，思想认识和实践能力不断地螺旋上升。满足了教师在职提高的特殊性，以"问题"研究为取向，采用经验提升的策略，行动研究的办法，合作互动的形式完成对教师教学的水平提高，有效促进教师的专业化发展。

4. 学习共同体中专家、行政领导、教研员、教师平等对话、合作互动，相互引领、共同提升。所有的人在学习共同体的组织活动中平等互动，相互引领，没有绝对的、固定的受教者和引领者。

所有的人在学习共同体的组织活动中平等互动，相互引领，没有绝对的、固定的受教者和引领者。

5. 教师的发展与问题研究、解决同步。新课程教学问题源于教师对问题的困惑与不解，问题研究的程序与方法是符合教师实践的需求，既在教学活动中发现问题，研究问题和解决问题。教师在这样的过程中始终保持着"实践—研究—反思—实践"的思维状态，这有利于教师思辨能力的提升和专业素养的提高。教师发展与问题研究、解决同步进行。

6. 学习共同体中的评价是深入研究的起点。在研究过程中，不同的人会对自己和他人的研究实践作出自评和他评，通过评价来明确研究的方向、交流经验、磋商问题。我们的评价不是单纯的甄别，不是为了筛选出"完美"的"典型"；我们的评价是内省，是反思交流，是更加深入研究的起点。

第二节　学校层面的学习共同体的构建与运作

一、学校层面学习共同体的构成及作用

（一）为什么要构建学校层面的学习共同体

构建学校层面学习共同体的出发点是学校自身存在的问题，落脚点是改进学校工作提升学校教育教学水平，过程以学校自身人员参与为主。构建学校层面的学习共同体的关键是要形成一种教师自我在岗学习提高和教师团体共同提高的机制和氛围。其实践意义在于能不断解决学校教育教学中存在的实际问题，促进教师能力特别是科研能力的提高，提升教师群体的素质，形成学习型的校园文化。其理论价值在于加深对教师专业化理论的认识，形成教师培训的新理念，探索校本培训的策略及评价体系，为最终形成比较科学、系统的教师校本培训理论框架和模式提供有益的实践支撑。

课堂是教学问题的主要发源地，也是教师实现专业成长的主阵地。学校内各学习共同体是研究解决教学问题的最基本的平台，是教师实践、研究、反思的基本组织，也是我们研究解决新课程背景下教学问题的主要阵地。如果能够充分发挥学校内各学习共同体的作用，使教师在其中能有效地合作、交流、互动，教师就能够得到教学观念的转变、教学方法的优化、教育理念的提升，在新课程实施过程中所产生的很多教学问题就能在学校内部得到很好地解决。

（二）学校层面学习共同体的组织形式

学校层面的学习共同体主要由学校内各学科教研组、备课组和跨学

科的研究小组两类学习共同体构成。学校层面的学习共同体需人人参与，主要由学校的所有教师、学校的管理者，及学校的教学顾问等组成。

学校层面学习共同体处在改革的最前沿，能够及时发现新课程实施过程中的具体问题，筛选出影响教学的最迫切需要解决的问题，尝试在学校内部集中大家的力量来研究解决。由于学校层面的学习共同体的组织形式不同，所研究的问题也有差异。在学校层面的研究中，教师是问题的发现者、研究者，成果的创造者、检验者、运用者。教师研究问题的主体地位得到充分尊重，教师的自由创造精神得到有效释放，主动性得到充分激发。在这一过程中，教师的收获是双重的，一方面知道了如何研究解决教学中遇到的学科问题，能够通过研究探索改进自己的教学行为；另一方面也学会了如何反思自己的教育行为，从而在实践中提升自身的专业水平。

（三）学校层面学习共同体对教师发展的作用

学校层面学习共同体把教师的培训与学校的实际工作紧密相连。为了提高教师教育的效益，满足社会对教育发展的需要，学校对教师工作的需要，以及教师自身提高的需要，立足于本职、本岗，立足于学校工作实际，立足于教师的职业要求，培训活动与学校工作过程紧密结合，可以减少"工学矛盾"，校本教师培训直接指向学校的教育教学实际过程，可以有效地解决"管训不管用"的问题，较迅速地将培训成果转化为教师的教学效益，有利于提高学校的工作质量。

学校层面的学习共同体可以促进教师的个性发展。院校组织实施的培训活动，面对来自各地、各校原有基础不同的学员，只能满足教学工作过程中的共性要求。教师在学校中执行的是统一的大纲、统一的教材，在统一的教学目标下，又参加由专门机构组织的培训，教师的个性特点不可能得到充分发展，不易实现教师发展的共性与个性的统一。校本教师培训在一定意义上可有效促进教师个性发展，促进教师教学网络与特色的形成。

学校层面的学习共同体可以充分发挥教师在培训过程中的主体作用。联合国教科文组织在《变化中的教师作用》的报告中指出："教师的自我教育应该被看作是他们自修教育的一个重要因素。"现在教师教育中的主要内容都来自于培训者的判断，教师没有对培训内容的选择权。但是教师是具有自主选择、自我学习、自我教育能力的培训主体。没有教师积极参与，培训活动不可能取得很好的效益。由于校本教师培训内容贴近教师的工作实际，教师可以选择自己需要的内容，因而教师参与培训的积极性较高。校本教师培训强调共同参与，培训者主要来自于学校内部，同时，参加培训的教师自身也是重要的培训动力来源和自我培训力量。培训者与被培训教师互促互动，在充分利用学校自身的培训人才的基础上，借助于校外培训力量，实现教师培训资源的优化组合。由于学校在复杂的教育系统中居于中心地位，随着学校办学自主权的日益增加，校本教师培训必然在学校工作中明显加强。

二、以学科教研组和备课组为主体的学习共同体的运作

学科教研组和备课组是学校层面的主要学习共同体，它是最基本的学科问题研究小组，它涵盖学校内部有一定人员基础的各个学科。其构成是按学科为划分单位，组成人员主要是教授相同学科的教师和学校的主管领导，学科教研员和外来专家是其不固定的合作伙伴。

以学科教研组和备课组为单位的学习共同体担负着发现和筛选新课程背景下教学问题的主要任务。全区教师人人参与，在实际的教学实践中发现问题，这些问题是学科教学中最直接的，也是最直观的，反映了教师最初的困惑。例如：语文教学如何实现个性化阅读？物理教学如何联系学生生活？科学教学如何体现学生的动手操作？……

经过几年的研究实践，我区的所有学校都形成了以教研组、年级组、备课组、课题组为基础的学习共同体，各学习共同体以发挥各自功能为核心，围绕新课程学科课堂教学中的问题解决，开展多种活动。

1. 教研组、备课组着重本学科本组教师课堂教学中问题的遴选和解决。

教研组内新教师与骨干教师结对子，让新教师从模仿开始，在讨论中解决自己的问题；集体备课，促进教师资源共享，共同发现问题，商讨解决办法。与专家同台竞技、现场剖析，让教师与专家上同样内容的课，从中看专家不同的处理思路和方式；录像自查：有意识地拍摄一些课堂录像，教师课后通过看录像来发现课堂教学中的问题；小学综合组人少学科多，就学科具体问题很难开展研究，他们就找出几个学科共同的问题进行研讨，开展上课、评课活动。

2. 年级组着重研究解决本年级带共同性的问题。

如成都市红光小学鼓励教师跨学科听课，在年级组内对共同的问题进行专题性研讨。

3. 课题组主要是以科研的方式，对问题解决进行系统的探索。

如石室联中西区物理组以课题研究为问题解决的主要方式，探索如何提高教师的教学技能，促进学生的探究性学习，现在已针对单项技能探索出了解决办法。受物理组显著效果影响，学校内组成了跨学科的研究小组，有多个学科加入，结合各自学科特点和要求，共同探讨"新课程背景下探究性课堂教学技能"。

三、跨学科研究小组的构成与运作

学校层面的跨学科研究小组是根据问题研究的需要，由不同学科教师组成，这些教师有着共同的成长需求。他们需要一个能自由交流、自主参与、自主管理，能释放激情和烦恼，能促进其不断发展的场地。他们需要没有行政干预，没有过多的压力，能够志同道合，互相切磋，能够体味出别样的快乐和满足。这种学习共同体完全是基于教师的兴趣、爱好和特长，学校只是为其提供发展的平台和创设必备的条件。它与以教研组和备课组为基础的学习共同体的研究互为补充。

跨学科的研究小组主要研究各学科具有共性的问题。例如如何实现三维目标的和谐统一？如何转变学生的学习方式？……学校内部跨学科的学习共同体的研究实施，实现了课程内容的有机整合，教育观念、方式方法的融会贯通。教师们通过对各学科教材内容的共同分析研究，有机整合其他学科中的相关知识，利用、借鉴其他学科相关知识和教学方法，解决带有共同性的问题，避免各学科教师在同一问题上的重复研究，实现智慧共生，成果共享，教师在这个过程中也开阔了视野，实现了知识的增值。

案例

成都市实验小学教师发展学校

"成都市实验小学教师发展学校"是学校顺应时代发展需要，顺应教师自主发展需要，借鉴国内外教师发展学校思路，由教师自主组建旨在促进教师自主发展的一个教师学习性组织。它的成立是学校将制度管理、情感管理、文化管理融为一体的一个崭新尝试。

在组建"教师发展学校"之初，学校对其相关的三个关键词进行了深入思考。

关键词一：教师

人们常常把教师比喻成蜡烛，比喻成园丁，比喻成人梯。诚然，这些比喻中寄托着美好，但这美好似乎有几分无奈。无论是燃烧的蜡烛，辛勤的园丁还是默默的人梯，实际上都仅仅是把教师作为成就他人的一种工具，教师自身的生命就在成就他人的使命中被淹没直至消失。

教师是什么？教师是人，是有着完整而鲜活的生命的人。就像有老师说的："就算我是蜡烛，我也要留一点光照亮我回家的路。就算我是园丁，我也要让我的心田开满鲜花。"老师也有老师的需要，他们需要学习，需要发展，需要自我价值的提升。教师需要"你快乐，所以我快乐"的伟大，更需要"我快乐，所以你快乐"的平凡与真实。教育要向人还原，向人的生命存在还原。实验小学所提倡的"雅师"不仅拥有精湛的专业技能，还有独特的人格魅力和优秀的人文素养。教师首先得是一个优秀出色的人，才有可能是一个优秀的教师。实验小学的"雅师"既追求成就学生的快乐，也追求成就自己的幸福。

因此，实验小学的教师不仅有着美丽的外表，不仅在课堂上儒雅睿

教师多元化成长平台建设

智、游刃有余，而且在生活中也是才华出众、优雅从容。学校经常有各种各样的活动，在这些活动中，我们经常会看到刚刚还在讲台上流利婉转的英语老师，现在正在教师舞台上跳着时尚的舞步；刚刚还是学生幽默风趣的体育老师，现在却为学校设计组织了一次精彩的活动；刚刚还在学生面前柔情万种的班妈妈，转眼就成了运动场上的一员猛将；刚刚还慷慨激昂的语文老师，现在却捧出了一本时尚精制的校园杂志……多才多艺的素质让实验小学教师有了雅的土壤，敏而好学的生活热情让实验小学教师开始有了雅的形象。

关键词二：发展

教师是一个平凡人，教师职业并不是教师人生的全部。因此，成就学生并不是教师生命唯一的、最终的目标，教师应有自己的理想与追求。这样的"雅师"不仅仅是"经师"，更是"人师"。这样的"雅师"不仅仅是"适应生活"，更是"品味生活"、"享受生活"、"创造生活"。只有使教师将教育视为幸福人生的一个重要组成部分，这才能实现真正意义的"教师发展"。只有当教师的人格魅力能感染学生的精神生活时，当教师的身体退出教育过程，但精神却永远融入了学生的心灵，滋润着学生的未来生活，这也就才能实现了学生真正意义上的发展。

"雅师"的培养不可能依靠制度的推进，必须在雅围中慢慢熏陶、浸润，只有这样由内而外的浸润才能实现"雅"的内化，最终实现"雅"由内而外的自然散发。在教师队伍的培养上，学校不应只是关注教师作为职业人的专业发展，更应关注教师作为一个人的和谐成长。实验小学为教师发展提供了很好的舞台，学校根据教师自主发展需求成立了"成都市实验小学教师发展学校"，内设的核心机构就是：教育人生——教师自主活动联合会。它下设多个站点。站点设置并不完全固定，它可以根据教师发展与学校工作的实际需要不断地动态生成。第一阶段的"教师发展学校"根据教师们自主推荐、集思广益，开设了精神家园、魅力课堂、五彩驿站、心灵氧吧四个站点。四个站点的主持人全是通过自荐和推荐产生的一线老师。他们分别负责各个站点活动的组织、策划、设计、实施等工作。形式多样的教师发展活动让每一位教师都能找到契合自己的发展渠道与发展空间。

站点一：精神家园

苏霍姆林斯基说："集体的智力财富之源首先在于教师的个人阅读。真正的教师必是读书爱好者。……一种热爱书、尊重书、崇拜书的气氛，乃是学校和教育工作的实质所在。"（苏霍姆林斯基选集第四卷.帕夫雷什中学.北京：教育科学出版社，p67）书籍是传承文明的桥梁，是延续文化的中介，充实而有意义的人生，应该伴随着读书而发展。在很大程度上，读书就意味着教育。学校不仅为学生提供了读书空间，更为教师提供读书空间。而且，教师读书是学生读书的前提，也是整个教育的前提。读书是雅师雅生成长的必由之路。

为了鼓励教师多读书，读好书。学校开展了形式多样的读书活动。有以"继承民族传统文化，弘扬民族精神"为主题的古诗文诵读活动，每天清晨，教室里都会传来朗朗的读书声，那是老师正在和学生们一起吮吸我国古文化的精髓。有以"我读教育名著"为题的专题演讲、征文活动。教师们常常从（苏）苏霍姆林斯基的《给教师的建议》、（美）霍华德·加德纳的《多元智能》、（英）约翰·洛克的《教育漫话》、陶行知的《陶行知文集》等众多的教育名著中汲取营养。

学校还适时为教师们推荐好书，并为此做了大量投资。学校为每一位教师订阅了杂志《读者》，为每一位教师购买了《学会优雅》、《走进新课程》、《教育的理想与信念》、《赏识你的孩子》、《激情与理性》等书籍。不仅如此，学校更鼓励教师广泛涉猎教育以外的书籍。因为实小相信：教育是一门关于人的学问，一切有意义的阅读都是教育的有力支撑。有人钟情《苏菲的世界》的哲理，有人欣赏《我们仨》的真挚，有人赞叹《哈佛商学院亲历记》的独特，还有人偏爱《千年一叹》的沧桑……一次思考，一次感动，一次共鸣都是教师的一笔财富。教师精神世界的丰富很大程度上影响着学生对精神世界的追求。

▲教师多元化成长平台建设▼

为了引导教师用读书来促进思考，学校为每一位教师准备了一个读书笔记本，要求全校教师不仅要阅读，更要学会反思和记录。

每个月，阅读每个教师的读书笔记是校长很重要的一门功课。在阅读读书笔记时，其实也是在和老师进行心与心的交流。因此，每次，校长的阅读总是特别用心，读完之后还要将自己的感受与教师进行分享交流。在一次次的交流与分享中，情感在共鸣，心灵在融合。教师也在阅读和反思中渐渐成熟。

为了教师集体专业发展的需要，学校进一步思考运用好学校优质的教师资源，加强教师内部的合作交流。因此，学校又想出了新点子，让全校教师每人推荐一本好书，放在学校图书室里与大家分享。大家在工作、生活中彼此分享，在精神与思想上也彼此交流。下面摘录的就是几则老师的好书推荐。

白树生推荐《小王子》："我推荐它，因为希望你我阅读后能彻底抛开纷繁尘世的浮躁，饱饮一杯清醇甘甜的生命意义之泉，品尝出什么才是你我都该珍惜的，在滚滚红尘中留一份宁静和永远给自己。"

王婉推荐《人一生要去的 50 个地方》："有时候，我们需要让自己的生活多一个理想。"

高翔推荐《谁动了我的奶酪》："这本书里是一则看似简单的寓言故事，但它却提示我们今天时代笑对变化、取得成功的方法。运用这种方法，我们就可以获得生命中最想得到的东西——无论它是一份工作、健康、人际关系，还是爱情、金钱……"

学校不仅鼓励老师读书，还鼓励老师写书、编书。虽然写书、编书不是一件容易的事，但是，学校相信：只要给老师们创造机会，每个人都可以表达出自己独特的见解。因此，学校要求教师借助写"我的教师生活"教育随笔来改变教师的行走方式。实验小学的教师，不仅会教书育人，会生活，更会思考。

站点二：魅力课堂

课堂是师生共同经历的真实生活的一部分，是他们生命历程的一段,课堂是教育最初的出发地和最终的归途。因此,课堂也成为实验小学"雅教育"的重心。老师优雅的内在修养以何种方式浸润给学生?"对话"与"分享"是教师们找到的最佳途径。"对话"是心与心的交流,智能与智能的碰撞。"分享"是情与情的共鸣,精神与精神的融合。建立在"对话"与"分享"基础上的"诗意的课堂"由此产生。

什么是"诗意的课堂"? 就是教师与学生和谐分享对知识、对生活的理解与感悟的课堂。上课的时间、地点、方式都巧妙地集中在一起为分享服务。"浑然天成"、"语短情长"、"意犹未尽"是"诗意的课堂"的三大特征。"让每一堂课都成为一首'生命之诗'"是"诗意的课堂"的最高追求。"诗意的课堂"对老师是深广的积累,精巧的设计,游刃有余的驾驭。对学生是忘情的投入,强烈的共鸣,长久的回味。"感动"与"火花"是"诗意的课堂"的最大收获。

"诗意的课堂"常常不经意地出现老师们的教学中,而它的正式命名也产生于三节普通的研究课,周学静老师的《杨树之歌》、朱立老师的《匆匆》、黄蓉老师的《观察物体》。当三位年轻美丽的女教师在如诗如画的课堂氛围中,那么亲切自然地与孩子们分享着他们彼此的智慧与经历时,大家被深深地吸引住了。课堂如行云流水般,精心的教学设计在不知不觉中隐去了踪迹。老师与孩子们一起阅读、游戏、体验,一起分享着学习带来的快乐。他们走进了彼此的世界,师生真正与课堂融为一体,让人有了入情入境的陶醉。

当我们反思这几节课时,我们发现,每节课每个环节分开来看,并无特别新颖之处,但当教与学恰到好处地衔接在一起,展现的却是神奇的功效,那样地优美动人。我们试图给这样的课堂找一个名字。我们想到了"诗意"、"诗",简单的三言两语间营造的是无限想象与感动的空间。单看并不成章,"拼"在一起却让人回味无穷。诗意可以是优美的、可以是婉约的、可以是豪放的、可以是幽默的——诗意的表达也并不拘泥于一定的形式。追求个性的诗意是我们的愿望。

"诗意的课堂"需要"诗意的教师"。"诗意"的教师要有着"雅"

的本质与潜质：内心柔软丰富，情感细腻丰沛，人品宽厚仁慈，智能机敏广博。"诗意的教师"创造"诗意的课堂"，带给学生"诗意的人生"。课堂，诗意的安居。

站点三：五彩驿站

五彩驿站的主持人则让教师们在运动场上激情运动，挥洒青春。带领教师们去优雅的咖啡店品尝咖啡，还带领老师们到电脑城领略最前沿的网络游戏。

站点四：心灵氧吧

心灵氧吧的主持人则为大家请来了心理学专家开设了生动有趣的心理讲座，还请来了教育界的专家进行心灵对话，探讨职业倦怠问题和分享教师的快乐。

关键词三：学校

这里的学校不是一般的学校，它没有校长，没有行政命令，它有的只是一个教师自发的组织，一个供教师学习、发展的舞台。

实验小学多年的文化积淀使得学校老师有着强烈的自主意识和创造精神。他们有着很高的发展愿境。有老师说："与经典为友，与智慧为伴。让生命境界得以提升、视界得以扩大，心灵力量得以增长。"有老师说："做快乐的、智慧的好老师；在课堂上，教学相长，不亦乐乎；在生活中，自信端庄，不亦乐乎。"学校在发展中意识到学校的各种常规培训和各项零散活动也已经不能完全满足教师的自主发展需要了。学校需要建立一个可供教师长期、持续发展的支持系统，更好地为教师的各种自主发展需求提供更加贴切的服务。因此，学校通过进一步调查，了解到：实小的老师正从"享受型"向"发展型"迈进。学校拿什么来帮助我们的老师成为学校管理层深层思考的问题。在广泛的学习与思考中，在国内外教师发展途径的启示之下，学校根据自身多年办学特点，大胆尝试，终于在教师管理上有了质的突破。实验小学决定为全校教师成立一个具有自己独特个性的教师发展学校。于是，在精心策划和准备之下，成都市实验小学教师发展学校应运而生了。

成都市实验小学教师发展学校的个性在于：立足校本，整合资源。

教师发展主要是在工作实践中实现的。工作为教师发展提供机遇与途径，反之，发展更好地促进教师工作。因此，教师发展与工作相辅相成。立足校本就是将二者紧密结合，让学校成为教师与学生一起共同学习，共同经历，共同成长，共同彰显生命意义的场所。

成都市实验小学教师发展学校一方面将整合学校行政、党、团、工会、科研等各方面的相关工作，以教师发展为中心重新调整。另一方面，将整合校内外的教育资源，依托实小自身优质的教育资源以及高校、专家和兄弟学校，跨学校、跨区域、跨层次、跨行业进行整合。

成都市实验小学教师发展学校的个性在于：以人为本，关注全程。

成都市实验小学教师发展学校不仅关注教师的专业成长，更关注教师作为"人"的成长。教师发展不只是关注教师的业务状态，更关注教师的生活状态和生命状态。激活教师的价值理想，让教师有创造性地工作，并从中找到人的尊严与快乐是教师发展的最终目标。

成都市实验小学教师发展学校关注教师在学校工作的整个过程：教书、育人、学习、生活。关心教师发展的整个过程：知识的积淀、经验的积累、智慧的激荡、情感的升腾、价值的升华——既重视教师群体的发展，也注重教师个体的成长。

成都市实验小学教师发展学校的个性在于：自主发展，多向互动。

成都市实验小学教师发展学校是教师自己的学校，由教师根据自己的发展需要自主提出，自主构建，自主管理，自主参与。它鼓励教师根据自身特点，全面而有个性地发展。

成都市实验小学教师发展学校的学习方式倡导个人自主，团队合作，多向互动。让教师在学习团队中，在交流与分享中，最大限度地启迪智慧，挖掘潜力，促进教师自我价值的提升，让每一个教师都能找到学习的成就感与新异感。

成都市实验小学教师发展学校的个性还在于：搭建平台，动态生成。

教师多元化成长平台建设

"全心全意为教师发展服务"是成都市实验小学教师发展学校的宗旨。教师发展学校的建立就是为教师发展提供各种机会和途径，让教师在"教"的同时，也有一个"学"的平台和"长"的平台，真正实现多重意义的"教学相长"。

实验小学教师发展学校下设两个机构。一是服务机构：教师发展管理委员会。它主要由学校党支部代表、后勤代表、行政代表、科研代表、工会代表五人集合而成。它的主要职责就是全面协调、统筹、服务各项教师发展活动的开展。二是核心机构：教育人生——教师自主活动联合会。下暂设精神家园、魅力课堂、五彩驿站、心灵氧吧四个站点。教师在四个站点主持人组织下自主开展活动，学校通过管理委员会全面提供服务。

成都市实验小学教师发展学校有自己的校训："一日不学，一日不教。""一日不学，一日不乐。""一日不学，一日不长。"

成都市实验小学教师发展学校的目标是："立人立己，达人达己。""智慧而快乐地工作，清新而优雅地生活。"

老师们在自己的组织中，在丰富多彩的活动中，与智慧同行，与经典同行，与阳光同行，与快乐同行。教师发展学校是教师学习的乐园，成长的起点。老师们彼此扶携，共同经历，成就学生的愉悦与成就自我的快乐，共同构筑起实小教师的幸福人生。

"教师发展不应只是关注教师的业务状态，更应关注教师的生活状态和生命状态。"成都市实验小学校长陆枋说，激活教师的价值理想，让教师有创造性地工作，并从中找到人的尊严与快乐才是教师发展的最终目标。

四、学校层面学习共同体在解决学科教学问题中的基本形式

在学校层面的各学习共同体中，研究解决新课程背景下的教学问题，遵循来源于实践，研究生发于实践，在实践中验证改进，服务于实践的基本原则，问题产生于课堂，就通过课堂教学来研究解决。在具体

的操作中，各学校常常采用以下三种不同的形式：

1. 普遍问题：人人设计，人人展示，共同研讨

针对某一普遍性的问题，学习共同体中的每一个教师都从自身的实际和理解进行研究，每位教师提出自己的研究实施方案，通过同伴间互相的教学观摩来共同研究。如战旗小学语文组，为了研究解决"作文教学中教师如何发挥主导作用"这一问题，全校所有语文教师，围绕这一问题先根据各自的理解分析研究，然后根据自己教学的特色和自己学生年龄段的特点，设计体现自己对问题理解和预想解决问题方法的教案，然后每个人就同一内容在课堂教学中展示自己的理解和方法，课后授课教师说课、自评，其他教师结合自己的理解和实际交流碰撞，教研员等校外人员也参与到课堂教学现场，和所有教师平等互动，通过去粗取精，去伪存真，由此及彼，由表及里的分析研究形成对问题解决的共识。

这种方式对解决学校内学科的普遍性的问题有很好的效果，它把问题研究解决的地点摆到课堂，一边教学，一边研究。整个过程中，教师积极主动地学习研究，主体地位得到了充分的体现；无论是学科带头人、骨干教师、普通教师还是新教师，不分年龄和职称资历，不论校长和普通教师，人人都参与问题的研究，人人都在课堂上展示自己对问题的思考和探索。同时专家的全程跟踪参与，对整个问题的研究层次起到了提升和引领。

2. 个性问题：共同设计，一人展示，共同研讨

个性问题是针对教学中某类教师的教学问题，如年轻教师的课堂把握问题，老教师的观念转变问题，骨干教师的提升问题等。这是为解决不同教师在个人的知识结构、智慧水平、思维方式、认知风格等诸多方面存在差异而产生的不同问题。其基本方法是通过对同类问题中的某一个体的问题解决来完成对这类问题的解决。在具有相同问题的群体中，通过集体的智慧共同反思、研究、设计，然后由其中的一位教师通过课堂教学来展示对问题的思考，把这位教师的展示作为一个学习研究的个

案，有针对性地引导大家讨论，互相切磋，进行思想的碰撞，最终促进教师的认知、动机和情感在合作学习中的整合和全面发展。

这种方式是最常见的，是每个学校都有的形式。它贴近教师的教学实际，通过个案的研究把理论和实践很好地结合起来，既调动了教师个体的主动参与，又发挥了我区各学校骨干教师的引领作用。

3．"高难度"问题：与"专家"同台竞技

学校研究中会遇到很多难题，有不少"高难度"的问题不是仅仅依靠学校内部教师的研究能够解决的，这时学校就借用"专家"的力量来提升学校内教师对问题研究解决的整体水平。在操作中，有请区内其他学校的优秀教师现场献技的；有教研员跟踪教研组对某一问题研究的；也有把省市及外地专家请进课堂，和学校教师共同研究的。如我区的中国教育学会青羊实验学校小学，把省市及外地的专家请到学校，请进学校每一教研组，和学校教师共同研究解决学科问题，然后每一学科由该学校的两位教师和专家一起"同台竞技"，都通过课堂教学来展示不同的对问题的思考，然后互动研讨。

这种方式使整个课堂变成学习交流的场所，教师能够在同一研究的平台上与"专家"进行对话，借用专家的智慧丰富提升自己。

五、怎样保障学校层面的学习共同体的良性运作

（一）教育局：建立制度、行政保障

教育局先后下发了《青羊区教师继续教育校本培训实施意见》和《青羊区教育局关于印发〈四川省"以校为本教研制度建设"实验基地实验方案〉的通知》，从目的意义、目标规划、制度建设、管理落实、具体内容、主要形式、组织机构、实施步骤等方面明确了学校层面的学习共同体的研究对提高教师整体的实施素质教育的能力，促进教育均衡、和谐发展，突破教育改革的难点和整体提升区域内的教育质量的意义；确定了以建立学习型组织，促进教师专业发展，提升教师自我认识和评价能力、自学能力、实施新课程教育教育能力，提高学校办学效益为目标。建立了理论学习、培训制度：定期举办理论讲座、校内教师论坛，为教师搭建展示理论思维的平台；建立了定期的对话交流制度：加强学习共同体内外教师之间、教师与管理者之间、教师与校外教育机构、教科研所、本地或外地的优秀教师之间的对话，对话重点关注教师教育教学实践中出现的问题，在对话中进行专题研讨，实现信息互换、经验共享。对话交流制度的建立不但使教师有机会对改革遇到的问题进行公开自由的讨论，而且改变了过去教研以简单的备课为主的内容和形式，丰富了研究的内容；建立了课题研究制度。以"问题即课题，研究即实践"的理念开展研究，以教育教学中迫切需要解决的问题为目的；还建立了激励机制：把学校层面学习共同体的活动开展情况纳入学校教学质量的目标考核之中。同时将教师参加学校层面学习共同体的研究、学习情况纳入教师的灵活性培训，计入教师的继续教育学时，并以此作为教师年度考核的主要条件之一，明确规定教师不能完成当年规定的灵活性培训学时的，年度继续教育不予登记，专业技术职务年度考核为不合格，教师将不能正常晋升工资和晋级评优。

（二）教师培训机构：专业引领、规范管理

青羊区教师学习与资源中心是区域内专门的教师培训机构，是学校层面学习共同体学习、研究的业务主管部门，主要负责组织协商制定各学校层面学习共同体的研究、培训规划，为其提供业务指导，考评各学校的研究、培训的情况。同时教师学习与资源中心对教研人员提出了新的要求：确立为教师服务、促进教师发展的意识，改变过去以检查、调研为主的工作方式；规定教研员必须加强学习，提高理论素养和专业水平；教研员必须深入学校，切实了解学校发展现状，倾听学校和教师的呼声，了解教师教学过程中的实际困难，及时提供专业咨询、信息服务、技术帮助，每学期教研员下学校的次数和深入课堂听课的节数要纳入教研员的业务考核；同时教研员要定期组织区域内不同层次和形式的教研活动，促进学校之间、学校与专家之间的交流。

同时教师学习与资源中心对学校层面的学习共同体有明确的规范要求，主要有以下内容：在全区设立统一的研讨活动时间，每一个学科每周有半天时间为固定的教研活动时间。学科的教师在固定的时间以教研组为单位进行以"总结、交流、反思本周教学情况，进行课例评析，思考、研讨下周教学内容"为重点的教学研讨。学校要为教师教学研讨、即时交流、同伴互助创造条件；学校层面的学科教学研究共同体每周均要组织一次校级以上课堂教学观摩研讨课、说课、评课活动，每次活动必须做到"定时间、定内容、定主讲人"，做到"有计划、有研讨、有记录、有效果"，结合学科教学实际，开学初制定可操作性和科学性强的学期研究计划，筛选研究主题；组织教师进行教学常规建设，实现备课、上课、作业布置和批改，课外辅导，学业成绩考核评定及课外活动、科技活动等基本教学环节的科学化、规范化和制度化；组织教师进行学科教学研究的常规系列活动：理论学习、观看录像、钻研教材、集体备课、评价研讨。正确把握课程改革与课程标准的基本内涵，以理论学习与实践观摩相结合，使全体成员领会教材的编排体系，明确单元教学的重难点及内在联系，实现资源共享、优势互补，促使学生的素质提高与教师的专业化发展；每学期至少组织共同体的所有教师开展一次校本教研流程观摩活动，围绕三维目标的落实，制定本学科教改实施计划，不断总结经验，探索规律，学习和推广本校和外地经验，结合日常教学开展连续性研讨，以此改进教学。本组教师申报教育研究课题，每学年每个教研组都要有课题研究，有主要研究方向和内容。

相关链接：

青羊区对学校校本培训的规范

校本培训是以学校为培训基地，以本校教师为培训对象，紧密结合本校的教育教学工作，充分利用校内外的培训资源，为实现本校办学目标，提高教育质量的教师岗位培训最有效的形式，是落实教学过程"十环节"的组织保证。

（一）校本培训的基本要求

1. 培训内容

（1）学习有关教育工作的法规性文件、思想政治职业道德和教育理论。

（2）加强教师专业知识及技能，提高教育教学实践能力。

（3）开展以学习基础教育课程改革纲要，课程标准，新教材，研究教法、学法为内容，特别是促进学生学习方式的变革为重点的培训研究活动。如开校时研究制订年级或学科的教研活动计划、讨论交流个人教学工作计划、单元集体备课、重点教材研究观摩课，教师角色与教学行为，要加强有关综合实践活动、课程资源开发与利用，信息技术在教学过程中的运用，考试改革，学生评价等方面的培训。

（4）制订学科教改专题，并研究实施。

（5）学习先进教改经验，培养青年教师等。

2. 校本培训的主要形式

（1）个体性培训。①自主学习。学校根据教师自身发展的目标要求，向各学科教师提出进修学习主题内容，并提出必读书目和参考书目，让教师自主安排学习计划，学校按规定进行考试验收和奖励。②老教师带教或导师指导。签订带教协议，双方认真履行协议内容，互教互学，使之在教学工作中尽快成长，成熟，尽早独立胜任本职工作。

（2）群体性培训。群体性培训的主要形式是：学、说、看、评。学，就是要学习新课标、新教材和教改的科研成果。说，就是将个人学习的心得体会说出来，起到交流作用。学是基础，只有学得好，说才有质量。看，就是将学的心得，通过说的活动，受到启发变为提高上课水平的行动，让大家看课，这是将理论变为行动。评，就是对上课的实践活动作进一步理性认识。"说、看、评"活动符合人的"认识——实践——再认识"的规律，所以要坚持下去，不断赋予它新的内容，动员更多的教师参加。

（二）学校对校本培训的管理

1. 校本培训的运作是以校长为组织领导者，校长是校本培训的第一责任人，要从学校实际出发，充分挖掘校本培训资源对全体教师实施培训。

学校校长、教导主任要亲自深入教研组抓校本培训工作。要提高认识。如果校本培训是软的，学校的教学管理一定是软的。教研组是实施校本培训过程管理的组织保证。因此，学校要做到：

（1）领导落实，校长、教导都要亲自抓教研组的培训活动。

（2）组织机构落实，选拔敬业精神强制骨干教师担任组长，合理组建教研组。根据学校教师人员结构建立年级备课组和学科教研组。个别学科只有一名教师的可以与邻近学校组成协作教研组。

（3）校本培训研究计划、培训内容、培训时间、培训场地、参加人员落实、中心发言人落实。

（4）校内每次校本培训活动要有记录，要有领导参加。

2. 建立对学校、教研组的校本培训工作进行评估、奖励制度。

学校每学期要对校本培训工作进行评估，区级教师学习与资源中心要和教育局普教科、思教办配合，每学年在学校评估基础上开展评选校本培训优秀教研组、先进学校的活动。

——摘自《成都市青羊区中小学教学过程"十环节"具体要求》

（三）学校：因校制宜、扎实推进

在教育局、教师培训机构的分级分类管理下，我区的学校都建立了学校层面教师学习共同体的组织管理机构，明确了校长是学校内部学习共同体的组织者、管理者、指导者和责任人，制定了相应的管理制度和规范，并创造性地开展了形式多样、内容丰富的研究学习活动。总结我区各学校层面学习共同体的研究，主要有以下特点：

1. 管理规范，实施落实。

我区把学校层面学习共同体的学习研究作为学校目标考核与教师年度考核的重要内容，这就促使学校在制度建设方面成绩突出。形成了很有特色的学校内部的研究学习管理机制和模式。

学校对校内教师的学习、培训和研究都有详尽的规定，为了避免学习研究流于形式，特别对学习研究的过程作了明确规定，下面就是我区一所小学对校本教研活动过程的具体要求。

相关链接：

某小学校本教研活动过程要求：

1. 每次校本教研活动，负责人要制订好详细的活动计划、做好周密的安排、按计划组织活动，做到准备充分、效率高。

2. 每次校本教研活动，负责人要做好校本教研活动过程记录并做好活动总结。

3. 由教研组或课题组组织的校本教研活动由负责人及时向教务处或教科室汇报或汇总活动情况，教务处或教科室组织的由负责人及时向校长室汇报或汇总活动情况。

4. 每次校本教研活动，负责人要整理好过程记录与活动总结，建立并保管好各级管理主体的校本教研档案。

5. 校本教研活动的参与者要积极参加相应的校本教研活动，努力配合管理主体顺利进行教学研究，以主人翁的态度搞好校本教研，提高自身素质。

——某小学校本教研工作常规（节选）

2. 形式多样，内容丰富。

自我反思，同伴互助，专业引领是学习共同体的三大要素，在培训和研究中，我区的学校更加注重采用灵活多样的培训形式，最大限度地发挥专家、同伴和自我的作用，更加注重激发教师的自我学习意识，让教师成为学习的主人，变"被动学习研究"为"主动学习研究"，着力培养学习研究型组织。为此，各学校结合自己的实际，针对教学问题的解决和教师素养的提高，开展了形式多样、内容丰富的校本教研活动。主要的形式有：

（1）自主学习。不少学校都以每学期向教师推荐阅读书目，老师自学，写读书笔记，定期交流学习心得的形式进行。

（2）专题讲座。结合教育热点和学校的教学实际，针对学校的共性"问题"，聘请专家集中讲座式培训。这种"请进来"是很多学校都采用的一种校本培训形式。

（3）小组研讨。以教研组、备课组、年级组为单位，每周一次对教学问题的研讨。很多学校为此确定了每一学科的固定的教研活动时间，一般是一个学科一个半天，在这半天，学科组的教师都没有课，这样满足了集中教研的时间。同时不少学校还对小组集中研讨作了具体的规定。下面是一所中学对教研组的活动的具体规范：

相关链接：

教研组活动具体规范

教研组活动必须做到"定时、定内容、定主讲人"，做到"有计划、有研讨、有记录、有效果"。

①按照学校要求，结合学科教学实际，开学初制定可操作性和科学性强的学期教研组工作计划。

②组织教师进行教学常规建设，实现备课、上课、作业布置和批改，课外辅导，学业成绩考核评定及课外活动、科技活动等基本教学环节的科学化、规范化和制度化。

③组织教师进行校本教研的常规系列活动：理论学习、观看录像、钻研教材、集体备课、评价研讨。正确把握课程改革与课程标准的基本内涵，以理论学习与实践观摩相结合，使全体成员领会教材的编排体系，明确单元教学的重难点及内在联系，实现资源共享、优势互补，促使学生的素质提高与教师的专业化发展。

④每学期至少组织全组教师开展1次校本教研流程观摩活动，围绕三维目标的落实，制定本学科教改实施计划，不断总结经验，探索规律，学习和推广本校和外地经验，结合日常教学开展连续性研讨，以此改进教学。

⑤组织组内每位教师每个学期至少向学校上交 1 篇教学研究信息论文或反思随笔。

⑥带领本组教师申报教育研究课题，每学年每个教研组都要有课题研究，有主要研究方向和内容。

⑦带领本组教师按照《学校教研组考核说明》的要求，积极创建优秀教研组。

——摘自某中学校本教研规范

（4）教学观摩。学校内部教师之间，校际之间分层次、多形式组织教学观摩，形成制度。

（5）校际（联片）合作式。学校与学校之间开展的有计划、有目的、有组织的一种互访互助的教师培训活动，主要是发挥各学校骨干教师的作用，通过听课、评课、互动研讨等形式进行。

（6）课题研究式。学校与培训机构、教科研单位合作，通过课题研究的方式来实施培训，理论与实践、教学与科研相结合，提高教师的教育教学能力。

（7）案例分析式。引导教师对一个具体的教学情景进行研讨，以解决特别问题为目的的一种参与式培训。

（8）参观考察。选择与自己学校情况相近的学校作为考察对象，组织学校的骨干教师外出考察，回来以后通过经验介绍和课堂展示等形式培训其他老师。

（9）沙龙研讨。培训者与教师或教师与教师之间围绕某一问题而自由讨论，以解决其难点和疑点，形成共识的一种参与式研讨。

第三节　片区联组层面学习共同体的构建及运作

一、为什么要构建片区联组层面学习共同体

新课程的实施对教师的学习研究活动的需求量大大增加，教师需要通过不断的对教学问题的研究反思来提高教学水平，符合课改精神的教学行为需要通过教研活动来学习、研究、感悟；课改中的困惑、疑虑、问题需要教研活动来解决；课改中产生的各种经验需要通过教研活动来交流、分享……学校层面的学习共同体能够满足教师经常性、持续的培训，也能有效地解决"工学矛盾"突出的问题，同时使教师的学习、研究、培训与实际工作紧密相连，提高了培训学习的效益。但是也存在不好组织，水平不高等问题。区级层面的培训机会又远远不能满足教师的需要，因此我们建构了片区联组层面的学习共同体。

片区联组层面的学习共同体是根据学科教师的情况由几所学校教师构成的，是学校学习共同体的扩展和延伸，是为了解决学校层面学习共同体中存在的"孤立无援"现象，同时避免"画地为牢"和低效重复而建立的。

（一）解决部分学科教师在学校内部"孤立无援"的问题

我区学校的师资水平差异较大，特别是小学综合学科，教师的人员构成复杂，兼职教师多，而不少学校由于办学规模的限制，很多学科就只有一个教师，即使是语文等学科，虽然一个学校有几名教师，但他们分别承担的是不同年级的教学任务，一个年级的该学科教师就只有一个，这就导致了这些教师在学校内部遇到问题时"孤立无援"，找不到

共同研究的对象，由于学科差异和年级的不同导致教师们坐在一起也没有"共同语言"，客观上存在校内无交流对象的情况。

（二）解决长期局限校内的"画地为牢"问题

虽然各学校的语文、数学等人员较多的学科能够在校内形成研究的组织，进行较好的研究，但是如果长期局限于校内的研究，教师们势必会出现认识的真空和思维的局限，出现"画地为牢"的现象，这种情况随着课改的深入和对问题研究的不断深入而日渐突出。

（三）避免低效重复的研究

各学校出现的问题很多都是普遍有的，具有相似或相同的特征，各个学校都在研究解决这些问题，就可能会造成在低层次上的重复，出现人力资源的浪费和效率的低下。

（四）更高层面研究、交流的需要

有不少的问题不是一个学校的教师就能解决得了的，它需要更多人的智慧，需要更高层面的碰撞。同时，各学校的研究成果的推广也需要一个交流的平台。

二、片区联组层面学习共同体的优势

（一）整合了区域内的优质资源

片区联组层面学习共同体的学习、研究在当前客观存在的校际教育发展不均衡、优质教育资源特别是优质教师资源短缺的情况下，根据各学校的发展状况、教师需求和地域特点，在区教育局和区教师培训机构的统筹下，构建不同的研究共同体，规范其运作的程序，加强业务的监控和指导，这样能够促进学校之间共同合作，相互开放，相互交流，充分挖掘不同学校的潜力和资源，实现优质资源共享，优势互补，谋求共同发展，充分利用区域内学校的人力资源、物力资源和信息资源，共同提高教师的教学研究水平，提高校长的办学管理能力。通过建立片区层面的学习共同体，开展片区联组的研究活动，整合各校的教研资源，改变了教研活动零碎、分散、盲目性及随意性大的状况，变无序为有序，低效为高效。

（二）规模适中，便于组织

根据学校的办学规模，一个片区联组一般由 5~9 所学校组成。在以学科为单位开展研究活动的时候，少则八九人，多则二三十人，这样就可以保证活动中的参与面广，人人均可以参与讨论交流。

（三）能够满足教师多样化的需求，增加了经常组织教研活动的可能性

片区联组的学校相隔距离比较近，教师可以保证每周有一次集中研究学习的机会。同时各学校在自己学校层面的研究基础上，把学校内部无法解决的问题提交在片区联组进行研究，既便于梳理出具有普遍性的问题，又能够体现学校的个性化需求。

（四）为教师的发展提供了更多的平台

一位教师要成长为区域内的骨干教师和名师，主要是通过不同层面的课堂教学活动来提升自己和扩大自己的知名度。但是由于区域内的学科教师数量众多，能在区级层面进行课堂展示的机会十分有限，以我区语文学科为例，仅小学语文教师就有 700 多人，而一般情况下每年能够在区级层面进行课堂展示的教师约 30 人，这对大多数教师而言确实机会渺茫。而片区联组就提供了更多的机会，全区小学共 7 个片区联组，在 1~3 年就可以让所属学校的所有教师进行一次课堂教学展示。其实不仅仅是课堂教学展示，还有其他的各种机会也相应地大大增加。教师的机会增加了，就更能有效地调动其积极性，促进其快速成长。片区联组受到了教师的欢迎，资源得到共享，问题得以解决，教师能力得到多方面锻炼。课改中遇到的一些问题在研讨中得到解决和落实，一些观念性的问题在参与的过程中，自觉地内化为自身的认识和行为。

（五）便于帮助指导，提高教研活动的质量

一般的县级区域都有几十所学校，县级教师培训机构的教研员就是天天下学校，一所学校的老师一学期也只能得到两三次指导的机会，很

难保证对每一个学校经常的持续深入的指导，实施片区联组以后，教研员以片区为单位进行经常的持续深入的指导就成为可能。

（六）片区联组教研制度对区级教研制度作了有效补充，它弥补了区级教研的一些限制

如在区级层面的教研活动中，由于涉及的面广人多，只能解决教师发展和教学过程中具有普遍性的问题，很多教材讨论难以深入，而在片区联组，由于人不多，可以充分展开讨论。同时，"甚而争得"，在区级层面，教师献课、研究课的次数毕竟有限，教师展示合研究的机会很少，而在片区联组则可以极大地满足教师"练兵"的需要。区教研员在广泛了解、收集各片反馈问题的基础上，更要把握全区整体情况、重难点情况，这样就能使制定出的区级教研活动方案更具针对性和研究效益。

（七）区教研员的工作方式得以改变

一是教研活动重心下移，大量的事务性的工作由片组长完成，给教研员腾出更多的时间和能力来思考全区整体情况，把握方向，制定对策，对一些重要问题，片区联组不能解决的问题进行更深入的学习和思考，工作更有针对性和效益；二是有利于促进教研员角色的转变，不断反思自己的教学，过去教研员活动几乎是教研员一人讲完，一堂课教研员是课堂上绝对的权威，而现在教研员则认识到大家都是学习者，大家都有发言权，大家都是教研活动的主人。并且以前教研活动仅凭教研员个人理解把信息传达出去，缺乏客观性，自己却很忐忑，而现在，有更多的人来参与问题解决，视野更宽阔，信息更丰富了。如有的问题在教研员看来不是问题，但在联组层面或校本层面都是大家很棘手的问题，对这些问题，教研员也可从中不断学习，获得提高的养料。

三、片区联组层面学习共同体的组织形式

我们在学校教师自由组合的基础上，由教育局和教师学习与资源中心把全区学校根据不同的实际情况分成不同的片区联组。一个片区联组由5~9所学校组成，一个学校由于学科状况的不同并不是统一划在同

一个片区联组中，原则是能够有效促进学科教学的提高和片区联组内各学校的最大发展。

片区联组的学习共同体的组织形式有以下三种：

1. 以学科骨干教师为龙头的研究小组。是以学科的骨干教师为中心，带动其他教师进行教学问题研究。如音乐、美术、科学、综合实践等学科，教师数量极少，骨干教师尤其少，无法在校内开展教研活动，即使按以前的行政分片，也容易出现一个片骨干教师集中，而另一个片骨干教师几乎没有的局面，差异太大，不利于全区整体工作的进程。而这些学科的骨干教师相对集中在几所条件好的学校，如按学校划分，一方面导致了资源的浪费，同时又使一些联组缺乏"领头人"，在进行片区联组的学习共同体的构建时就根据地域和由 1～2 个骨干教师为核心两者兼顾的原则，把相对集中的骨干教师分散到各个联组中。这样使得内部力量有机组合，人员组成相对合理、均匀，用好了骨干教师，保证了教研活动的数量和质量。既有利于发挥骨干教师的带头作用，又可以均衡各联组的研究水平。

2. 几所学校联合的研究小组。片区层面中的几所学校联合研究问题小组是根据各学校的实际情况，遵循同一性和互补性的原则，由 5～9 所学校构成的，各个学科构成的情况不是整齐划一的，而是根据各学校各自学科的特点组合而成的。各个学科由各学科教研员根据自己教师的情况和教学的具体问题而设定，不是统一规划，也不是一成不变。

在片区联组前两种学习共同体中，参与的主要人员是学科教师，都是按学科为划分标准的，学习的内容也主要与学科教学相关，老师们在解决学科教学问题中实施共同成长，校长在其中起到的是管理和指导的作用。在片区联组的学习共同体中，对教学问题的研究主要体现在三个方面：①学校内不能很好解决的问题，把它提交到片区联组的学习共同体中研究，这样解决问题的思路更加开阔，参与交流的面更广，更有利于问题的研究和解决。②几个学校具有的相同或相似的问题，集中更多人的研究思考，避免了学校各自为阵的重复劳动，又有利于交流各自的心得和成果。③学校内部无人合作交流的"单打独斗"的教师在这里找到了合作伙伴，他们共同研究自己学科的问题。

3. 是学校发展共同体，是以学校共同发展为愿景和获得共同进步为目标，由不同发展水平学校构成的组织机构。学校发展共同体内部各学校地位平等，成员间相互学习，资源共享，在共同进步的同时，实现每所学校的最大限度发展。参与的人员是以学校校长为主的学校管理者，他们研究的主要内容是学校发展。

学校发展共同体依据"优势互补，互惠互利，资源共享，共同发展"的原则，由教育局组建，并进行相关配套制度和保障机制的建设。学校发展共同体实行各片召集人联络制，召集人承担联络、组织任务，根据教育局各项工作的具体安排或共同体内部商定的工作计划，组织各学校相关干部、教师开展活动，并对教育局负责；教育局机关各科室和教师学习与资源中心作为共同体活动的协调部门，协助各个共同体进行相关工作的管理和组织，保障工作有效开展。各科室对口联系以一个学年为周期，实行轮换制度。具体轮换安排在每学年开学初由教育局统一调整。

学校发展共同体的召集人由区域内具有丰富管理经验的校级干部担任，为专职人员，每人负责一个片区联组共同体，召集人承担组织协调职责和服务于指导职责。积极促成各种利于学校发展的工作开展，对教育局负责，定期汇报工作，协调好与教育局相关业务科室、业务指导部门及共同体内外的关系；服务共同体整体发展要求，服务共同体内部学校的发展需要，依据相关教育法律、法规及区教育局有关政策规定，积极推进共同体内部建设、外部交流，积极搭建共同体间、学校间的合作、交流平台，服务区域教育均衡深化发展的目标。学校发展共同体的召集人在承担职责的同时也享用一定的权力。召集人享有得到尊重的权利，系统内各学校、直属单位要大力支持召集人开展有关工作；享有接受学习、培训的权利，召集人应获得定期接受培训的机会，享受到学习参观的权利；有获得教育局或共同体提供的相关福利待遇的权利。教育局或共同体应给予召集人相应的福利待遇（福利待遇主要包括评优选模、经济补助和与之相关的政策约定）。

学校发展共同体的主要工作内容有以下几个方面：

（1）开展各种活动，加强学校间的相互学习

共同体内本着加强交流、加强学习和互促共进的原则，通过积极组织和开展各项活动，有机地组织起学校间的党、团、队工作，促进干部、教师的交流学习，促进教师之间、教研组之间、年级组之间的交流，促进未成年人思想道德建设，为学校营造良好的发展环境，为学生的健康成长营造和谐氛围。

（2）建立有效机制，以"资源共享"构建发展平台

建立共享资源库。共同体内学校提供可共享资源项目，并建立资源菜单，明确资源提供学校和资源需求单位。

建立共享关系。可依靠联席会议制度，通过会议协商建立资源项目的共享关系，或通过教育信息网搭建不同的共同体间资源共享平台。

共享资源的利益保障办法。提供资源的学校，享受一定限度的利益或补偿，如硬件的损耗补偿、补助等。可根据具体情况由教育局或使用资源的学校予以补偿。

（3）发挥集体智慧，构建竞争发展新局面

学校文化建设是下一阶段我区深化教育均衡的重要工作。要充分发挥共同体内典型学校的带动作用，通过集体调研、相互参观、集体会诊等方式，发挥集体智慧的力量，共同思考、研究，通过在共同体内实现"一校一景，一校一品"的错位发展目标，推动全区学校完成该项目标。

教育局对学校发展共同体的评价采用单独评估，独立奖励的办法，不与督导评估、教学质量检测交叉。具体使用"质性评估与量化考核相结合"的办法，按学年度进行考核。质性评估即通过工作开展情况，评估共同体的工作效果，如调查共同体在成员学校的干部、教师中间的知晓程度、认可程度、信任度、满意度等，反映共同体建设的质量。量

化评价即由教育局制订量化细目，对各个共同体开展涉及教师交流、研培活动、资源共享等的数量统计，以各个共同体的工作数量为指标，分别列出各个共同体、成员学校的工作总数，评比优秀共同体、优秀学校，给予专项奖励。

四、片区联组层面学习共同体的管理

为保障片区联组层面学习共同体的有效运转，区教育局和学习与资源中心专门明确了片区联组管理者及职责义务。片区联组层面的学习共同体的管理分为行政管理和业务指导管理。

（一）行政管理

由片区内学校的校长负责。一个片区联组设立片区组长一人，由该片区所在学校的校长担任，实行轮换制，每学期轮换一次。片区组长职责是：①负责协调本片区各学校、各学科教师有效实施联组教研；②召集本片区学校校长会，共同制定本片区联组教研的管理制度；③在协商的基础上，完成本片区的学期教研计划，明确每一学科的管理组长，活动的次数，每次活动的时间、地点、主题等，并按要求及时上报；④根据本片区需要，不定期召开本片区校长会，检查、通报制度的落实情况和及时改进不足；⑤学期末，在广泛调研，听取片区各学校教师意见的基础上完成学期片区联组教研工作的自评和总结。

同时，片区联组学习共同体按学科的不同还设有片区学科管理组长。片区内各学科的联组教研均由该片区的学校校长负责组织管理，片区内的学校校长根据自己的专业特长固定管理1~2个学科的联组教研并担任片区学科管理组长。其职责是：①把握本片区所负责学科的教师情况；②召集片区本学科教师，共同制定该学科联组教研的计划，明确活动时间、地点、内容和形式等；③每次本片区该学科开展联组教研时必须到场，负责组织、出勤考核，保证联组教研的时间和质量并做好记录，并及时反馈到各学校。④协同片区组长和本片区的其他学校校长开展好联组教研工作。

（二）业务指导

各学科教研员负责指导该学科的联组教研活动的开展，给片区提供研究内容、形式的指导和参考；选拔片区学科教研组长，并组织对他们的培训和管理、考核；随时把握各片区的研究情况；及时组织各片区交流成功经验；帮助片区联组解决学科研究的难点和问题。教研员在其中扮演的是督促者、协助者、指导者、培训者、参与者角色。

各学科教研员根据各片区学校学科教师的实际情况，选拔一定数量的人员担任片区学科教研组长。片区学科教研组长的职责是：①协助片区学科管理组长搞好本片区本学科教师的联组教研管理工作；②组织本片区学科教师协同制定教研的时间、地点、主题、内容、形式等，及时上报管理组长；③组织本片区学科教师切实有效地开展联组教研活动，按要求填写好片区联组教研活动记录，真实记录联组内教师的活动及反馈情况。

五、片区联组层面学习共同体的运作方法

片区联组主要研讨的问题为：①讨论教材，集体备课；②资源共享，信息交流；③开展片区研究课，尽可能多地提供展示平台。有的联组让每一位教师都带一个他最困惑、最急需解决的问题，再由组长筛选出一些具有共性、代表性的问题进行研讨。教研活动的重心下移了，研讨的氛围更浓厚，也避免了一些低层次的重复劳动，真正做到了把教研还给教师。形成了自下而上、而非以往自上而下的教研活动模式。

片区联组教研的时间是指除区级集中教研以外的其他时间，不局限于单双周，具体时间由片区内协商确定。片区联组学习共同体组织的研究学习活动，内容丰富、形式多样，有理论交流、有课例展示，同时把对话、交流、互动有机地融入到活动之中，让教师将自己教学的成功和困惑与大家分享交流；为了让老师更好地解读教材、明晰课堂教学结构，有的还采用质疑答辩的教研方式；在研讨中，老师们通过口头或书面发表自己的意见，提出个人的建议，甚至提出身边的问题进行对话。通过以上各种方式解决了来自教师教学一线的问题，大大促进了骨干教师的成长，也为更多的教师提供了平台，催生了一批新的骨干，不少年轻教师，争先在活动中上研讨课，在活动中发表自己的见解，在活动中不断成长。其主要形式有：

1. 教学开放周。

每月确定一个开放周，每次开放周在片区内轮流确定一个开放学校。开放周的功能主要是展示、交流、督促。确定的学校在开放周期间要做到：课堂开放——片区内其他学校的教师可以任意随堂听课，不必事先征求上课教师意见。资料开放——开放学校的计划、教案、作业本等各种资料都在指定的地方展示出来，外校的教师可以任意翻看、了解学习。学校环境开放——外校教师可以任意参与学校组织的各种活动，感受学校的管理氛围、文化氛围。

2. 课改专题讲座、课改读书活动。

各片区为教师购置了必备的课改书籍，组织教师阅读，定期交流读书心得。讲座则包括课改理论、课标教材处理、课改具体问题处置等方面的讲座。主讲教师主要为教研室教研员、进修校教师、外聘的有关专家学者、片区内骨干教师等。讲座计划确定以后，主讲教师由蹲片教研员协助落实。

3. 教学示范课、教学竞赛课、有争议的观摩研讨课。

课改初期，各片区都在课改发达地区聘请了优秀教师或安排当地参加过省市级培训的教师上示范课，给承担课改年级教学任务的教师们提供了生动鲜活的范例，这对于教师们尽快掌握课改课的基本套路、尽快进入课改的角色、形成执行课改的基本技能起了很大的作用。

对于一些普遍的、典型的、有争议的问题，则由教研员筛选整理，为区级层面的研究提供素材，同时指导片区善于发现问题，由教研员协助确定主题，组织观摩研讨课，例如：以小组合作学习问题、学生问题情景的创设问题、校本课程的实施问题、新教材作业练习的设计问题等的解决为主题的观摩研讨课，都为教师提供了思考问题、解决问题的契机和启迪。

4. 教学研讨会、教学经验交流会。

教学研讨会、教学经验交流会一直是片区教研活动的一种重要形式，因为课改中产生的困惑、思考、经验、教训等都需要通过开会来交流、碰撞，从而使教师在活动中认识得到澄清、思路得到整理、思想得到启迪、自身执行课改要求的整体素质得到提高。为了提高各种研讨交流会的质量，我们为各片区提出了会议应该追求的目标"三定、五有、五个一、一个把握"。即安排上做到"三定"：定期、定人、定主题。研究过程追求"五有"：有准备、有观点、有交锋、有启发、有收获。研讨者要求"五个一"：引用一条理论、表述一个观点、描述一个事实、罗列一组数据、介绍一条相关研究信息（最好有发言提纲）。主持者做到随时把握研究的进程：介绍前期研究情况；阐述本次研究主题；引导研究方向（防止跑题）；关注预期出现和新出现的观点和措施；总结整理本次研究中的主要问题以及形成的主要观点和措施。

5. 集体备课和统一的教学检测及其比较、分析。

区域性的策动和实施课改，同时区域性的关注实施的结果，并从中发现课改进程中的问题，找到解决的突破口。

6. 以集中视导和教研员的常规指导相结合对片区教研活动进行指导。

教研员长期协助组织策划和参与片区活动，本身有利于对活动进行指导，提高活动质量。同时教研室还有计划地组织对片区教研活动的全面指导，更有利于规范片区教研活动。另外，根据片区的需要，由片区直接联系或由教研员以及教研室协助联系，聘请一些县级以上的专家学者参与片区的教研活动，也十分有助于片区教研活动质量的提高。

六、片区联组层面学习共同体的评价

我们制定了片区联组学习共同体运作情况的评价标准，通过定期考核和评优的方式来评价其运作成效，具体评价如下：

1. 片区联组教研的考核每学期进行一次。

2. 学期考核由自评和认定组成，自评由片区内各学科教研组长组

织本片区学科教师协商完成，然后交片区组长汇总，形成书面的自查报告后交教育局；认定由对口管理科室、直属单位进行。教育局组织有关方面按要求进行评比，各学校的工作成效纳入年度目标考核中的相关项目认定。

3. 每一片区的学期考核结果将以简报的形式通报全区各学校，同时作为评选优秀片区联组的主要条件。

4. 片区联组学习共同体的考核指标包括：

①片区联组教师整体精神面貌、职业道德情况。

②研究态度：出勤率有保障，教师主体性发挥得好，能从问题出发，积极主动地研究学科问题，研究氛围浓厚，有实效。

③活动的次数不低于 4 次/学期（不包括计划和总结）。

④研究的内容：开学之初有工作计划，期末有工作总结，每一次有过程记录，内容详实，操作性强。每次均有研究主题，研究内容有针对性。对研究内容有事后的反馈及改进措施，且效果突出。

⑤在区级层面展示、交流情况：研究的内容一学期内能在区级层面整体展示或交流 1 次以上，该片区联组 50%（含）以上的教师能积极参与交流，展示或交流的形式不限，但能起到示范引领的作用；片联组上教师个人一学期内能有 1 次或 1 次以上在区级层面展示或交流的机会，展示或交流的形式不限。

⑥片区内教师成长情况：教师个人进步、成长比较显著，且该片区联组的学科教学质量有保障，并逐年有所提高。

⑦突出工作、特色工作：该片区联组的活动方式对全区联组活动的开展有借鉴作用，研究成果对全区教学质量的提高有推动作用，或学科特色、区域特色比较突出。

⑧片区内教师对片区联组教研成效的认可度测查。

七、片区联组层面学习共同体的问题

片区教研活动作为一种规模比较适中，操作性比较强，参与面比较广，解决问题针对性、实用性比较强的一种活动组织形式，其优点是不

言而喻的。但从近两年的操作来看也面临诸多问题：

1. 一个片区通过磨合，成为真正的合作研究、共同行动的共同体，离新课程的要求还有相当距离。校际间关注问题及解决问题思路的不一致性也常常出现。

2. 活动频度的增加，活动经费也成为一个问题。除参加活动的教师需要费用外，聘请专业指导人员也需要费用。目前我县片区教研活动的费用主要由片区内学校筹集，作为县一级，有经费的规划，但落实到位较困难。

3. 活动低质量，专业支持力量、专业引领的不足也将是在较长时间内急待解决的问题。

第四节　区级层面学习共同体的构建及运行

一、区级层面学习共同体的组织形式

区级学习共同体的构建是为了能够使各学校和片区层面研究的成果推广，也为了能全面、集中地解决各学科具有普遍性的、主要的、有价值的问题，使全区教师能够在更高的平台上和更广阔的范围内合作、互动交流，使更多的教师得到更高层次和更全面的发展。

由于区域内教师的结构复杂，涉及到不同年龄、不同职称、不同学历、不同层次的教师群体，为了充分发挥各群体的作用，满足教师的多样化需求，根据区域内教师群体的不同需求，为促进不同类别教师持续发展，我们充分整合区域内的优质教育资源，构建了多种区级学习共同体。包括学科中心组，骨干教师研修班，名师发展学校、特级教师工作室、专家协会、专家顾问团，由教育专家和特级教师、学科带头人等组成的学科问题研究评议组等，它们是为了满足不同需求、不同层次教师的发展，解决不同类型的教学问题而构建的，发挥着各自不同的作用，共同组成了区级层面教学问题研究的网络组织。

二、区级层面各学习共同体的运作

（一）各学科中心组

区级层面的各学科中心组是由全区各学科的优秀教师构成，包括了学科带头人和学科骨干教师，来自不同学校的同一学科。各学科中心组既是交流学校层面、片区联组层面研究成果的平台，又是收集、筛选、研究在全区具有代表性、典型性学科教学问题的核心力量。它站在我区学科教学研究的前沿，为学校层面和片区联组层面的研究提供指导和方向，同时为各学校层面和片区联组层面学习共同体之间的协同研究搭建沟通的桥梁。

学科中心组成员发挥着兼职教研员的作用，它一方面协助学科教研员组织学科问题的调查研究、承担一定的教师培训任务，一方面组织片区联组学习共同体中的学科教学研究。

（二）骨干教师研修班

骨干教师研修班是我区骨干教师成长的摇篮，由各学校各学科的优秀青年教师组成，要求至少具有三年以上的教学经历，是为了把具有一定教学经历的年轻教师培养为学科骨干教师。其成员来自全区不同学校的不同学科，在学科教学问题研究中，既便于跨学科之间的融合，又能揭示具有普遍性的问题，为新课程背景下的教学问题研究的整体构建奠基。骨干教师研修班根据教育发展的大趋势，着重研究教育发展中具有普遍性的问题，解决新课程对教师综合素养的要求的问题。

（三）名师发展学校

名师发展学校是在我区现有的教师教育体系中，由教育局决定成立、对区域内的名师进行管理、培养的一种学习型组织。旨在探索教师培养新机制，探讨具有市区学科带头人、教育专家、市优秀青年教师称号的教师的发展途径，丰富和完善我区的教师培养体系的一种结构功能的学校。

名师发展学校学员包括区属各中小学、幼儿园、直属单位在职的具有区市学科带头人、区市教育专家、市优秀青年教师称号的管理、研究和教学人员（特级教师除外）。名师发展学校由教育局领导，由教师学习与资源中心负责管理、培训和考核。

根据我区名优教师工作性质的差异，把学员分为管理、研究、教学三类，在目标责任的具体要求上有所不同，但都要履行以下责任：

（1）每位名师要根据自身的实际，制定三年期的个人专业发展规划，并有计划、有步骤地实施。

（2）承担对青年教师或新教师的培养任务。

（3）主持或参与区级以上科研课题研究的任务。

（4）承担示范课或学术论坛讲座的任务。

（5）完成一定量的培训学习任务。

名师发展学校学员有以下权利：

（1）按照相关政策每月享有一定的津贴。

（2）教育局为每位名师的成长提供专项培训研究经费。经费由教育局统筹安排，分期分批实施。

（3）成果突出、业绩显著者，根据所取得的成果等级，教育局给予一次性的奖励。

名师发展学校对学员实施年度考核，一学年度进行一次。考核由教师学习与资源中心继续教育办公室组织实施，结果上报教育局。

考核结果分为优秀、合格、不合格三等。在为期三年的目标责任期内，考核合格以上者享有相应的津贴待遇和经费支持。考核不合格者不能享受相应的津贴待遇，并取消相应的荣誉称号。

考核的程序为：由被考核人填写"成都市青羊区名师学年度考核评价情况表"，上交教师学习与资源中心继续教育办公室；由教师学习与资源中心继续教育办公室组织进行考核；上报教育局审定；向个人反馈。

（四）特级教师工作室

特级教师工作室是为充分发挥区域内的特级教师在教育管理、学科教学、教师培养、教育科研等方面的带动和辐射作用，由教育局批准设立的组织协调和管理机构。我区有着丰富的人力资源，现在有在职的中小学特级教师二十余人，退休十年以内的特级教师十多人，为了充分发挥我区特级教师的带动和辐射作用，实现名师引领，资源共享，全员提高，均衡互补，培养一大批高素质高水平的优秀中青年骨干人才。

青羊区特级教师工作室中的特级教师包括：区内各中小学、幼儿园、直属单位在职的由省政府批准的特级教师；身体健康状况良好，热爱教育事业，甘于为青羊教育发展贡献力量，自愿加入的退休十年以内的特级教师。

特级教师工作室对各位特级教师实施项目管理制度，依据特级教师的责任与特级教师签订期限为 1～3 年的项目责任书，并组织进行年度考核。

特级教师工作室的每位特级教师按有关规定每月享有一定的津贴。教育局为每位承担项目的特级教师提供专项经费支持，项目经费分期划拨。一部分在项目通过立项以后划拨给项目主持人，其余部分在年度考核结束以后，根据考核结果及所取得成果的级别有区别地划拨。项目经费的使用由教育局统筹监管。

团队功能与职责：

特级教师工作室要成为我区教育决策的智囊和参谋，参与我区教育发展规划的论证，协助管理、质量考评等。特级教师工作室要充分地发挥特级教师的群体作用，组织课题攻关组，有计划、有目的研究一些教育教学改革中的热点、重点、难点课题。特级教师工作室每年至少组织一次特级教师研究会，总结、交流、推广我区特级教师的优秀成果和先进经验。根据各位特级教师的特长，把特级教师分为管理、科研、教学三个小组，有计划、有组织地支援教育教学相对薄弱的学校，进行对口援助区县的送教活动。特级教师工作室要定期组织编辑《特级教师文集》，以推广特级教师的理论研究成果和教育教学经验。

个人责任及权利：

（1）学习任务。

特级教师工作室通过沙龙、读书会、提供阅读菜单、举办高级别的专家讲座等方式加强各特级教师的学习进修，每位特级教师每年要完成一定的学习进修任务。

（2）帮扶目标。

进入特级教师工作室的特级教师在一个学年度要担任2～3名骨干教师的培养任务。

培养对象条件：具有一定工作经历、经验并取得一定的工作成绩的省、市级骨干教师，市、区级学科带头人、区教育专家等；热爱教育事业，具备良好的师德风范，肯于吃苦，乐于钻研，善于学习；具有现代意识和时代精神，具有较强的自我发展能力。

培养对象产生办法：具备以上条件者可经本单位向特级教师工作室管理办公室申报，由特级教师本人和管理办公室协商确定，然后签订帮扶协议。

教育科研目标：

进入特级教师工作室的特级教师要作为课题的负责人承担教育科研任务。特级教师承担课题的要求：其课题必须是区级以上的立项课题，课题来源可以是自主申报或在管理办公室所列科研课题菜单中进行选择，立项程序依照有关科研管理条例执行；所指导的骨干教师要进入该课题的主研人员名单；向特级教师工作室管理办公室提交课题实验方案、立项证书、中期检测、年度考核表、研究成果等材料备案。

示范作用：

特级教师工作室要充分发挥各特级教师的特长，依据每位特级教师的特长列出菜单，供区内学校有针对性地选择。进入特级教师工作室的特级教师每学年度要承担区级以上（含区级）的示范课或讲座等任务。所上示范课或讲座的对象必须是以本区（对口支援区县市）的教师

（校长）为主体；每学年至少2次；在上示范课或举办讲座以前，要提前两周告知特级教师工作室管理办公室；示范课或讲座结束以后，要把活动的文本材料、音像资料等交特级教师工作室管理办公室备案。

特级教师工作室对特级教师有明确的考核要求，规定在职特级教师除接受省级考核外，还要接受特级教师工作室领导小组的考核，领导小组采取年度考核形式进行，一学年进行一次，考核由管理办公室负责组织实施，最终由领导小组确认。考核结果分为优秀、合格、不合格三等。考核合格以上者教育局给予一次性的奖励（从专项经费中划拨）。考核不合格者不能继续获得经费支持；连续两年考核不合格者，上报相关主管部门审批，所在单位不予聘任，相关的津贴等待遇即行终止。

退休特级教师根据自己的特长可以在所列责任中选择或与领导小组协商确定工作的形式和内容，主要进行菜单服务和发挥参谋决策作用。

（五）专家协会和中小学专家顾问团

青羊区教育专家协会是青羊区教育局聘请并组建的一个顾问机构，是由我区退休的省市区教育专家、特级教师和教学成效显著的骨干教师组成，以协助管理、质量考评和决策顾问，兼顾校长培养和干部管理业务提升责任为主要职责，对课程改革的问题研究提供技术支持，论证课题的方案和对实施过程予以监控，同时深入教育一线，和学科教师一起共同研究解决学科问题，拓展教师研究的思路和视野，为高层次的教师发展提供平台。

（六）教师学习与资源中心

教师学习与资源中心除了担负各级各类学习共同体的组织协调任务以外，还要有计划、有步骤、分阶段地组织各级各类学习共同体对新课程背景下的教学问题的研究。各学科教研员研究学科前沿问题，重点突破疑难问题，把握全区学科研究的整体趋势，提升各层面教师研究的水平。

三、区级层面学习共同体研究解决学科问题的基本程序

区级层面的各种学习共同体虽然由不同的人员组成，但是经过几年的实践，在研究解决学科教学问题的时候，形成了我们研究解决区域性教学问题的基本程序。我们研究解决问题的基本程序是：①提出并筛选最迫切需要解决的问题；②教师运用已有积淀分析问题；③反复讨论制定解决问题的方案；④在课堂教学中呈现和验证解决问题的方法；⑤反思评价解决问题的成效。

1. 提出并筛选最迫切需要解决的问题

提出并筛选最迫切需要解决的问题是我们研究的第一环节，也是研究过程中最关键、最重要的一步。著名物理学家爱因斯坦曾说过："提出一个问题往往比解决一个问题更为重要，因为解决一个问题也许仅仅是一个数学上或实验上的技能而已，而提出新的问题、新的可能性，从新的角度去看旧的问题，却需要创造性的想象力，而且标志着科学的真正进步。"陶行知先生也有"发明千千万，起点是一问"的经典名言。在新课程实施过程中，我们特别强调所有的参研人员要有敏锐的问题意识和善于提问的能力。

（1）问题的来源

我们提出问题的渠道畅通。包括通过定期的网上交流、问题研讨活动，不定期的学校调研、走访，向全区教师公布学科教研员电话，专门的问题征集活动等。使教师一有问题就能够及时找到"倾诉"的对象。我们研究解决的所有教学问题都产生于教师具体的教学实践，其产生方式有自下而上和自上而下两种形式，自下而上就是学校教师、学生在实际教学中提出问题，自上而下就是学科教研员通过课堂教学的调研发现的问题，传达给学校教师。问题的具体来源主要有以下四个方面：

①教师自己在实践中对自己的教学提出的问题。这主要是教师从学生的学习表现和自己的教学感悟反思后产生的问题。例如东城根街小学的林川老师在一年级数学一单元的教学中提出，小学一年级学生怎样才能记住数字的形状而不会混淆？这位教师首先提出的这个问题在学校进行论证时得到学校年级教师的热烈响应，被确定为迫切需要解决的数学问题之一。现在这个问题在我们的研究中得到了很好的解决。

②教师在互相观摩课堂教学中，同一学习共同体中的其他教师针对

授课教师的教学而提出的问题。（每所学校的每一位教师每一学期必须要至少献一节研究课供组内研究。）例如"如何有效地组织合作学习?"这个问题就是红光小学冯乔玲老师在上组内研究课后，组内教师在进行互动研讨时提出的。这个问题最后成为了全区研究的一个重要问题，各学科都对此进行了研究，取得了令人满意的效果。

③学生在自己的学习过程中，结合自己的学习实际向教师提出的问题。这类问题在我们研究解决的物理、化学、生物的实验教学问题中占有相当的比例。

例如石室联中西区学生在物理学习中，懂得了声音能够在固体、液体、气体里传播，并且通过列举生活中的实例和运用实验验证了声音能在固体、气体中传播。然而无法找到探究声音在液体中传播的例子和实验。学生就提出"如何设计实验，验证声音在液体中传播的规律?"的问题，刘勇和罗晓林两位教师和学生们一起进行研究创造，最后使该问题得到了很好的解决。

④学科教研员在深入学校课堂调研时发现的授课教师的教学问题和学校学科教研组存在的具有共性的教学问题。例如在 2002 年 9 月 24 日，教育局各科室和教培中心各学科教研员在对青华小学进行常规的集体调研时，小学语文组的 4 位教研员就发现学校习作教学评改课学生参与面狭窄，积极性不高，于是就和学校协商，把"如何使学生的习作评改'动'起来?"作为学校习作教学研究的重要问题。随后的一年多时间，学校语文组的 24 位教师着力研究了这一问题，取得了很好的效果。

在三年多的研究中，据不完全统计，师生、教研员共提出各类教学问题近 3000 个，这些问题涉及到学校、教师、学生、社会、教育管理部门和教育研究部门等各方面；涵盖了基础教育的所有学科，在不同的地区和学校、不同的教师身上都有凸显；涉及到教学的方方面面：有教学理念在实际课堂教学中的有效体现的问题，有教学内容的灵活处理和创造性地开发教材的问题，有教学内容的选择与学生的接受实际的和谐统一的问题，有选用适合学生学习的教学方法的问题，有学生学习方式的转变与自主、自觉学习习惯的形成的问题，有新课程三维目标的和谐发展的问题。更多的是教师根据自己的学科教学提出的具体的学科教学问题，如语文如何有效地实施个性化阅读？数学从哪里开发教学素材资源？科学教学中如何指导学生自主探究和学习探究方法？英语教学中如何更新教与学的方式，活化教学内容？……

（2）问题的筛选

面临如此多的问题，我们并不是要有问题就盲目地急于去解决，而是对问题进行筛选和论证。

筛选问题的原则：问题必须提交到不同层面的学习共同体中通过所有成员的讨论，一个问题要被确定为可以研究的对象，至少要由一个学校的一个学习共同体的几位教师经过论证后共同提出。

筛选的标准：尽可能找到具有普遍性、代表性的问题，找准课程改革的关键点、课改深入的突破点和教师们关注的焦点，最终筛选出那些最迫切需要解决的问题成为我们研究解决的对象。

筛选最迫切需要解决问题的基本方法有：找出哪些问题是我们能够解决的，排除那些我们暂时无法解决的问题。例如因为制度原因一时无法解决的问题，这是我们力所不能及的，也不是短期内能得到很好解决的，我们就排除掉。找出哪些问题是真正的问题，排除那些表面的现象；找出哪些问题是具有一定影响范围的，排除那些只是某些个别人的问题，而其他人已经很好研究和解决了的问题。问题的提出和筛选过程不是某一位教师的个人行为，而是一个学校或者是一个片区联组的教师的共同选择，体现了集体的意志，展现了教师间的协作与共识。

筛选出的问题主要有以下几类：①教师教学方式的转变问题。②适合学生实际的教学目标的制定问题。③选择能够有效促进学生发展的教学内容的问题。④如何培养学生习得良好的学习方法的问题。⑤如何解决理科实验器材不足等的问题。⑥教师与教材的关系问题。

发现问题和筛选问题的过程就是教师对自我教学的反思过程，全区不同层面、不同学科的教师通过反思实现从自己的教学经验中学习。老师们把自己作为研究的对象，在反思中自我学习、自我提高，发现问题的过程就是对教师培训提升的过程。在这过程中，教师学习的方式是探究式、发现式学习，学习的主体是自己，对象是自己的教育实践；学习过程中的关键环节是"反思"和"探究"。实践（行动）——反馈——调整——再实践（行动）……形成一个使教师的专业素质和整体水平不断提高的循环往复的过程。

2. 运用已有积淀分析问题

（1）教师较深厚的积淀为教学问题的解决奠定了坚实的基础

长期的教师教育研究和培训，使我区教师在教育教学理论素养、实际经验、解决问题的能力等方面有了较深厚的积淀。全区有近1/4的教师成长为区级骨干教师，为我们在全区范围内全面地解决教学问题奠定了坚实的基础。

（2）问题的分析确定了问题解决的正确方向

问题通过筛选被确定为研究对象以后，教师们首先运用自己以往学习的教育理论分析产生问题的原因和背景，然后对照所把握的新课程的理念分析产生的问题与新课程要求的差距。同时在分析问题以后，运用已有的经验和知识积淀尝试对问题的解决，分析问题的过程是教师主动运用自己的知识积淀和知识储备尝试解决问题的过程。

案例

小学语文在解决"如何实现真正的个性化阅读？"这一问题方面，在《遵循规律因"识"而导》一文的"问题思考"中这样分析："阅读是学生的个性化行为，不应以教师的分析来代替学生的阅读实践。"在这种理念的指导下，个性化阅读一下子成了所有语文教师追捧的热点，成为阅读教学的一种时尚。不可否认，它释放了学生的激情，张扬了学生的个性；使课堂更具有生气，使学生学习的积极性更高。

然而，在表面喧嚣浮华的背后，我们也发现许多令人担忧的现象。

出现了不少的对个性化阅读的曲解。一位年轻教师在教学人教版第十册《放弃射门》时，让学生设身处地地设想："如果你是福勒，你会放弃射门吗？"许多学生都踊跃发言，有的说我会放弃射门，因为友谊第一，比赛第二；有的说在权衡射门与否的轻重以后，我放弃射门……说到后来，有学生说："我不会放弃射门，那样我的一世英名不就毁了？"（全班大笑。）还有学生说："福勒可真傻！那一个进球可是值几百万哪，我是不会放弃的。"（教室更热闹了，学生的发言也更积极了。）老师对每个孩子的回答都是"好！能表达自己的见解，很好！"学生对文本的价值取向的认同或做出正确的判断，主要在于教师的正确引导；教师能否正确引导，关系到学生吸取什么样的精神财富，关系到学生能否树立正确的理想、信念，关系到学生的世界观、价值观的形成。这位教师完全不顾文本的价值取向，片面强调学生的"个性化"，对学生的危害是很大的。……如果我们只强调要尊重学生的个性而忽略了阅读文本的价值取向，那就会形成学生"想怎么读就怎么读""爱怎么理解就怎么理解"的错误认识。教师对学生的理解要么不置可否；要么一味表扬。这就可能导致阅读脱离文本价值取向，成了个性化阅读就是随便说什么都可以，怎么说都对的情况……

这种分析是每个问题研究必须具备的，是对问题的认识和解决问题的前提。对问题深刻的分析使我们研究解决问题时能够保持正确的方向，能够尽可能地避免因研究的偏差和失误产生更多新的问题，能够保证我们研究的效果是真实的、正确的、有价值的和值得推广的。

问题分析的过程中，我区过去多年对教师培养的积淀起到了巨大的作用，教师在遇到问题时，能够主动地运用自己的知识去冷静地看待问题，不是避而远之和甩包袱，而是主动地迎难而上；同时各学习共同体强有力的组织和强大的研究功效起着重要的作用。

3. 反复讨论制定解决问题的方案

教师在主动反省，发现问题，对问题加以分析以后，把自己对问题的认识、思考、解决问题的设想等提交到所在的学习共同体中。共同体中的其他教师也会结合自己的教学实际对问题进行自己的分析，并各自提出自己的解决问题的设想，大家经过多次反复的碰撞，共同提出解决问题的构想，设计出切实可行的解决问题的方案。

方案的具体内容包括：①研究解决的实际教学问题；②对问题的思考和认识，结合自己的知识积淀和认识水平对该问题的分析；③学习共同体中其他研究人员对该问题的思考；④准备研究解决该问题的方法和手段；⑤通过课堂教学解决该问题的详细教案。这些内容都形成了详细的文字材料，在该问题得到一定程度的解决以后，参研教师要对整个问题的研究过程进行梳理，按以上五个方面加上最后的反思、评价的材料，一起形成该问题研究的资源包。

例如成都市石室联中西区光华中学英语学科为解决"如何确定和落实情感目标？"这一问题，教师们在自己对问题分析后，把各自的分析提交学校年级备课组讨论，下面是他们的教研活动记录（摘录）：

案 例

研究内容：学生进校的第一节英语课怎么上？

组长：《新目标》英语大家都看过了。今天我们利用集体备课的时间，研究一下大家上次提出的"第一节英语课怎么上？"这一问题，先请三位新教师谈一谈自己的想法，好吗？

T1：《新目标》英语内容多，难度大，教学时间紧，有的学生小学已经学过一些英语，我打算一开始先把字母表教完，让学生有一个完整的概念……

T2：我打算按英语字母分类表先教五个元音字母，然后再教其他字母，让学生先读后写。让学生在四线格内书写，写错了就立刻纠正……

T3：我准备教学生几句日常用语。再按字母表的顺序教几个字母，同时教这些字母所包含的国际音标。学生尽早地学会音标，可以降低记生词的难度……

组长：我第一节课打算既不教字母，也不教音标……（新教师肯定感到吃惊，或许在想，那你教什么？）

然后组长提出自己解决问题的设想，组内教师就此展开了热烈的讨论，反复论证解决问题的方案设计。最后确定以组长的设计为基础，进行修改后由组长通过课堂教学来展示和示范。

在教师通过反复讨论制定解决方案的过程中，其他教师对问题的分析，很好地调动和运用了其他教师的知识储备，也激发了部分不善于思考和对问题不够敏锐的教师，能够使共同体的每个成员都发挥作用；同时大家的交流碰撞，在不断的合作、互动中，共同体中成员逐渐对这一集体组织和形式产生了归属感和认同感，他们都愿意和乐于把自己的思想在共同体中来展示。对提出问题的教师来说，他把自己的困惑、思考、心得、体验、探索与同伴进行交流和合作，在沟通交流中，它又可以得到不同的信息，看到理解问题的不同角度，而这又会促使他进一步反思自己的想法，重新组织自己的理解和思路。

4. 在课堂教学中呈现和验证解决问题的方法

课堂教学的问题必须通过课堂教学来解决才有说服力。总体上看，我们在课堂教学中验证解决问题可分为以下几步：

①教师设计好解决问题的教学案例。

②教师在自己的课堂上展示自己对问题的解决情况。

③共同体中的全体成员现场观摩讨论，或者由专家、特级教师、教研员、学科带头人等组成教学问题研究技术团到场观摩。

④研讨以达成共识。授课教师在融合众人所长的基础上，用课堂教学来研究问题的解决方法，把发生于课堂的问题还原于课堂、解决于课堂。

5. 反思评价解决问题的成效

课堂教学结束以后，首先由授课教师通过文字材料向全体成员说明研究解决的思路、认识，特别是自己对自己课堂教学情况的反思和评价，自己评估解决问题的成效；然后是参与课堂教学研究活动的专家、特级教师、教研员、学科带头人和教师互动，所有与会者畅所欲言，交流经验、质疑问题，明确进一步研究的方向，促进更加深入的研究。课堂研究活动是一个全区不同层次教师共同学习互动的盛会，教师的主动性得到了极大的发展，同时专家的"指点迷津"使大家"豁然开朗"，每位与会教师都得到了不同程度的提升。

在实际的问题研究解决过程中，这五步并不是呈直线发展的。在研究对象确立以后，教师依据研究解决教学问题的思路实施研究，在研究中循环往复，采用抽丝剥茧的方法找到解决问题的策略，从解决问题的具体做法上升到解决问题理论认识和方法论的提炼。教师根据研究的需要，会重复其中的一些步骤，这种重复不是单纯地走同一条路，而是"反思—研究—实践—再反思—再研究—再实践"的螺旋上升的过程。在对问题的研究实践过程中，既尊重了教师个体的差异和主动发展的愿望，同时又有共同体成员之间的合作交流、互助互动，还有专家的引领。教师在解决问题的过程中既主动发展，又有受动的提升。

广大一线教师在活动中增强了主动意识、主动质疑、主动参与、主动反思，改变了过去被动参与教研活动的局面，并结合教研主题，在本职工作中深入学习、深入研究、深入实践。

教师们的问题意识、选择问题与解决问题的能力明显得到提升，在这个过程中，教研员和教师们发现了许多有价值的实际问题，如新课程背景下作文教学中教师"导"的问题，如何用新课程理念上好人教版教材，如何找准传统与革新的结合点，学生在课堂上如何定位、合作学习的"质"等等，这些问题均是在实践中产生的。解决这些问题的过程就是教研员和教师素质得到提高的过程。

李叔同

著

莫向外求
但从心觅

光明日报出版社

图书在版编目（CIP）数据

莫向外求，但从心觅 / 李叔同著 . -- 北京 : 光明
日报出版社 , 2024. 8. -- ISBN 978-7-5194-8133-9

Ⅰ . I266

中国国家版本馆 CIP 数据核字第 2024J871V7 号

莫向外求，但从心觅

MO XIANG WAI QIU, DAN CONG XIN MI

著　　者：李叔同	
责任编辑：孙　展	责任校对：徐　蔚
特约编辑：李东旭	责任印制：曹　净
封面设计：仙境设计	

出版发行：光明日报出版社

地　　址：北京市西城区永安路 106 号，100050

电　　话：010-63169890（咨询），010-63131930（邮购）

传　　真：010-63131930

网　　址：http://book.gmw.cn

E - mail：gmrbcbs@gmw.cn

法律顾问：北京市兰台律师事务所龚柳方律师

印　　刷：河北文扬印刷有限公司

装　　订：河北文扬印刷有限公司

本书如有破损、缺页、装订错误，请与本社联系调换，电话：010-63131930

开　　本：160mm×230mm		印　张：15	
字　　数：149 千字			
版　　次：2024 年 8 月第 1 版			
印　　次：2024 年 8 月第 1 次印刷			
书　　号：ISBN 978-7-5194-8133-9			
定　　价：58.00 元			